LE
SENS-COMMUN.

OUVRAGE
ADRESSÉ AUX AMÉRICAINS

Et dans lequel on traite de l'origine et de
l'objet du Gouvernement, de la Constitution anglaise, de la Monarchie héréditaire, et de la situation de l'Amérique
septéntrionale.

Traduit de l'Anglais de Th. PAINE, Auteur des
Droits de l'Homme, et d'une *Lettre à G. Th. Raynal.*

NOUVELLE ÉDITION REVUE ET CORRIGÉE.

A PARIS,

CHEZ { GUEFFIER, Imprimeur-Libraire, rue Gît-
le-Cœur, n. 16.
REGNIER, rue du Théâtre de l'Égalité, n°. 4.

An deuxième de la République.

INTRODUCTION.

Les opinions que renferme cet écrit ne sont peut-
être pas encore assez à la mode pour être générale-
ment accueillies ; lorsqu'on est accoutumé depuis
long-tems à ne pas regarder une chose comme
injuste, elle acquiert une apparence superfi-
cielle de vérité, & de tous côtés s'élève un cri
en faveur de l'habitude ; mais bientôt ce tumulte
cesse. Le tems fait plus de prosélytes que la raison.

Comme, en général, un long & violent abus
de l'autorité conduit à en examiner les bases (&
cela par rapport à des objets auxquels on n'eût
jamais pensé, si une inquisition sévère n'eût mul-
tiplié ses victimes.) comme le roi d'Angleterre
a entrepris, sur la foi de sa prérogative, de sou-
tenir le Parlement dans ce qu'il appelle ses droits,
& comme la nation trop indulgente est cruelle-
ment opprimée par cette coalition, elle est indu-
bitablement fondée à scruter les prétentions de
l'un & de l'autre, & à rejeter également la tyrannie de tous les deux.

L'Auteur de cet ouvrage a soigneusement évi-
té toute personnalité. On n'y trouvera ni censures
ni complimens individuels. Les sages, les gens de
mérite n'ont pas besoin des honneurs d'un pamphlet & ceux dont les sentimens sont absurdes ou
contraires aux intérêts de la patrie, s'arrêteront

d'eux-mêmes , à moins que l'on ne fe donne trop de peine pour les convertir.

La caufe de l'Amérique eft, à beaucoup d'é-gards , celle du genre-humain. Son hiftoire offre & offrira plufieurs circonftances qui ne font pas locales, mais univerfelles , qui parlent au cœur de tous les amis des hommes , & dont l'iffue intéreffe leurs affections. Pour peu que l'on ait de fenfibilité, on ne peut voir avec indifférence des barbares porter le fer & la flamme dans un pays , déclarer la guerre à tous les privilèges de l'humanité, & faire difparoître fes défenfeurs de la furface de la terre ; voilà à quelle claffe honorable je me fais gloire d'appartenir, fans m'embarraffer de la défappro-bation de tel ou tel parti.

On a différé de mettre au jour cette nouvelle Edition , pour fe ménager la facilité de connoître les moyens de ceux qui auroient entrepris de ré-futer la doctrine de l'indépendance , s'il y avoit lieu ; comme il n'a point encore paru de réponfe au *Sens-commun* , l'on préfume qu'il n'en paroîtra point, le tems néceffaire pour le combattre étant paffé, & au-delà.

Philadelphie , le 14 Février 1776.

LE SENS-COMMUN.

De l'origine & de l'objet du Gouvernement, con-
fidéré en général. — Remarques fur la Confti-
tution Angloife.

QUELQUES écrivains ont tellement confondu
le gouvernement avec la fociété, qu'ils n'ont
laiffé entre ces deux objets qu'une nuance très-
foible, ou tout-à-fait nulle, tandis qu'ils dif-
fèrent beaucoup, non-feulement par leur nature, mais encore par leur origine. La fociété
eft le réfultat de nos befoins; le gouvernement
eft celui de notre perverfité. La première ef-
fectue notre bonheur d'une manière pofitive,
en réuniffant nos affections; le fecond y con-
tribue négativement, parce qu'il réprime nos
vices. L'une encourage les communications mutuelles, l'autre établit des diftinctions. La première protège; le fecond punit.

L'état focial eft un bien dans toutes les hy-
pothèfes. Le gouvernement, dans fa perfection
même, n'eft qu'un mal néceffaire; dans fon
imperfection, c'eft un mal infupportable; car,
lorfque, fous un gouvernement quelconque,
nous fouffrons, ou nous fommes expofés à

A

souffrir les mêmes calamités, que nous aurions lieu d'attendre dans un pays où il n'y a point de gouvernement, nous sentons notre misère s'accroître, en songeant que nous-mêmes fournissons les moyens dont on se sert contre nous. Le gouvernement, comme la parure, indique la perte de l'innocence ; les palais des rois sont bâtis sur les ruines du jardin des délices. En effet, si les mouvemens de la concience étoient clairs & uniformes, s'il étoit impossible de leur résister, tout autre législateur seroit inutile. Les choses n'étant point ainsi, l'homme sent qu'il est nécessaire de céder une partie de sa propriété pour s'assurer la jouissance du reste ; & cette résolution est le fruit de sa même prudence qui, de deux maux, l'engage à choisir le moindre. Ainsi, la sûreté étant le véritable objet de gouvernement, il s'ensuit nécessairement que le mode de gouvernement préférable à tout autre est celui qui nous la garantit avec le moins de frais & le plus d'avantages.

Pour avoir une idée juste & lumineuse de l'objet du gouvernement, supposons un petit nombre d'hommes établis dans un coin isolé de la terre, sans aucune relation avec le reste de leurs semblables, nous aurons l'image précise de la situation primitive des peuples. Dans cet état de liberté naturelle, les premières pensées se tourneront vers la société ; mille motifs leur feront prendre cette direction. La force de l'homme est si peu proportionnée à ses besoins ; la nature l'a si peu fait pour une solitude

continuelle, qu'il eſt bientôt forcé d'avoir recours à l'appui d'un autre qui, à ſon tour,
implore le ſien. Quatre ou cinq individus réunis
pourront élever dans un déſert une habita-
tion ſupportable, tandis que, ſeul, un homme
travailleroit toute ſa vie ſans rien finir. Il a
coupé le bois dont il a beſoin, mais il ne
peut le changer de place; s'il eſt venu à bout
de le tranſporter, il ne peut le faire tenir de-
bout; & pendant qu'il eſt ainſi occupé, la
faim le tourmente, une multitude de beſoins
différens l'appellent chacun de leur côté. La
maladie, même un léger revers ſont pour lui
des accidens mortels. Car l'un ou l'autre, duſ-
ſent-ils ne pas le conduire au tombeau, le
mettroient hors d'état de trouver ſa ſubſiſ-
tance, & le réduiroient à une ſituation, où l'on
pourroit dire de lui, qu'il s'éteint plutôt qu'il
ne meurt.

Ainſi la néceſſité, irréſiſtible comme la loi
de la gravitation, formeroit bientôt en ſociété
notre peuplade; & les douceurs mutuelles de
cet état compenſeroient avec uſure les obligations des loix & du gouvernement, tant que
la juſtice préſideroit à l'accord de ſes membres. Mais comme, excepté le ciel, rien n'eſt
à l'abri des atteintes du vice, par une indiſ-
penſable fatalité, ils ſe relâcheroient de leur
attachement primitif, à meſure qu'ils ſurmon-
teroient les premières difficultés du changement
de ſejour, difficultés qui les auroient unis dans
l'origine. De-là le beſoin urgent d'établir une

forme de gouvernement qui supplée au défaut des vertus morales.

Un arbre touffu leur présente un emplacement convenable pour une salle publique; & sous ses branches, toute la colonie s'assemble afin de délibérer sur les affaires générales. Il est plus que probable que ses premières loix n'auront d'autre titre que celui de réglemens, & que la méfestime générale sera l'unique châtiment de quiconque osera les enfreindre. Chacun aura naturellement droit de séance dans ce premier parlement.

Mais la colonie s'accroît, les affaires croissent en proportion; les membres de l'Etat sont plus disséminés, & l'éloignement de plusieurs ne leur permet pas de se réunir à tout propos, comme au tems où leur nombre étoit peu considérable, où leurs habitations se touchoient, où les affaires n'étoient ni importantes ni multipliées. On s'apperçoit qu'il est avantageux de laisser le pouvoir législatif entre les mains d'un certain nombre de représentans choisis dans le sein de la communauté; on leur supose les mêmes intérêts qu'à leurs commettans; & l'on se flatte qu'ils agiront comme ceux-ci pourroient agir s'ils étoient tous présens. Cependant la colonie continue de l'accroître; il devient nécessaire d'augmenter les nombre des représentans, &, pour qu'ils faffent une égale attention aux intérêts de chaque portion de la colonie, on juge à propos de la partager en un certain nombre de divisions, dont chacune envoie à l'affemblée générale un nombre de repréfentans proportionné à fon étendue. De peur que ceux-ci ne féparent leurs intérêts de ceux qui les choififfent, la prudence fait fentir la néceffité des élections fréquentes, parce que les perfonnes élues retournant, dans un court efpace, fe confondre avec la maffe des électeurs, ceux-ci ont pour garant de leur fidélité au vœu général, la crainte où ils feront de donner des armes contre eux-mêmes; &, comme ces changemens réitérés établiront un même intérêt dans chaque partie de la communauté, il en réfultera qu'elles fe prêteront fans effort un fecours mutuel, réfultat fondamental, d'où dépend la force du gouvernement & le bonheur de ceux qui font gouvernés, ce qu'on attendroit en vain du titre infignifiant de roi.

Voilà donc l'origine & les progrès du gouvernement. C'eft un fupplément néceffaire à l'infuffifance de la morale. Voilà auffi fon but; favoir, la liberté & la fûreté. Et, de quelque fplendeur que nos yeux foient éblouis, de quelques mots fonores que nos oreilles foient chatouillées, quelque préjugé qui égare nos defirs, quelqu'intérêt qui obfcurfiffent notre jugement la fimple voix de la nature & de la raifon proclamera la juftice de ces apperçus.

L'idée que je me fais du gouvernement eft puifée dans un principe que la nature a confacré, & contre lequel échoue l'art des fophiftes. C'eft que plus une chofe eft fimple, moins elle eft fujette à fe déforganifer, plus elle fe répare aifément lorfqu'elle en a befoin. Les yeux fixés fur cet axiome, je vais hafarder quelques re-marques fur la Conftitution fi vantée de la Grande-Bretagne. J'avoue que c'étoit une noble en-treprife pour les fiècles de ténèbres & d'efcla-vage où elle fut formée. Quand l'univers étoit courbé fous le joug de la tyrannie, il y avoit une audace généreufe à diminuer quelque peu fon autorité. Mais il eft aifé de démontrer que cette Conftitution eft imparfaite, expofée à des convulfions terribles, & incapable de tenir ce qu'elle femble promettre.

Les gouvernemens abfolus, quoiqu'ils foient l'opprobre de la nature humaine, ont au moins l'avantage de la fimplicité. Si le peuple fouffre, il fait d'où vient fon infortune; il en connoît auffi le remède, & n'a point devant lui, pour s'égarer, un dédale effrayant de caufes toujours actives, & d'améliorations toujours illufoires. Mais la Conftitution angloife eft fi exceffive-ment compliquée, que la nation peut fouf-frir pendant une longue fuite d'années, fans être à portée de découvrir où gît le mal. Ceux-ci prétendent le voir dans telle partie de la Conftitution, ceux-là dans telle autre; & autant il fe rencontre de médecins politiques, autant de divers antidotes nous font préfentés.

Je fais qu'il eft difficile de vaincre des pré-jugés locaux ou enracinés depuis long-tems. Si toutefois nous ofons nous permettre d'examiner la Conftitution angloife dans fes parties inté-grantes, nous n'y verrons que les méprifables reftes de deux tyrannies anciennes, récemment combinés avec quelques matériaux de républicanifme.

Elle offre, en premier lieu, les reftes de la tyrannie monarchique dans la perfonne du roi.

Secondement, les reftes de la tyrannie ariftocratique dans la perfonne des Pairs.

Troifièmement, les matériaux modernes du républicanifme dans les membres des Communes fur la vertu defquels repofe la liberté de l'Angleterre.

De ces trois pouvoirs, les deux premiers, à titre d'héréditaires, font indépendans du peuple. Ainfi, dans le fens conftitutionnel, ils ne contribuent en rien à la liberté de l'État.

Dire que la Conftitution angloife eft l'union de trois pouvoirs qui fe font réciproquement obftacle, eft dire une abfurdité. Ou ce propos eft infignifiant, ou il ne préfente que des idées contradictoires.

En difant que les Communes répriment l'autorité royale, on préfuppofe d'abord qu'il ne faut rien confier au roi, fans avoir l'œil fur fes actions; ou, en d'autres termes, que le defir du pouvoir abfolu eft un mal néceffairement attaché à la monarchie; 2°. que les Communes étant chargées de ce foin, font ou plus fages, ou plus dignes de confiance que le premier magiftrat.

Mais comme la même conftitution qui donne aux Communes le pouvoir de réprimer l'autorité royale en lui réfufant les fubfides, donne au roi le pouvoir d'arrêter l'action des Communes, en lui donnant celui de rejetter leurs autres bills, elle suppose en même-tems que le roi est plus sage que ceux qu'elle a supposé plus sages que lui : or, n'est-ce pas là une véritable absurdité ?

Il y a quelque chose de singulièrement ridicule dans la composition de la Mornachie ; elle commence par ôter à un homme les moyens de s'instruire, & cependant elle l'autorise à agir dans des circonstances où il faut toute la maturité du jugement. L'état d'un roi le séquestre du monde, & cependant les fonctions d'un roi exigent qu'il le connoisse à fond : d'où je conclus que les diverses parties de tout ce mal ordonné ne cessant de se contrarier & de s'entre-détruire, prouvent qu'il est aussi extravagant qu'inutile.

Des auteurs ont ainsi développé la Constitution angloise. Le roi, disent-ils, est un pouvoir ; le peuple en est un autre ; la chambre de Pairs est établie pour venir au secours du roi ; les Communes pour venir au secours du Peuple. Mais cette définition présente tous les disparates d'une assemblée où règne la discorde ; les expressions ont beau séduire par leur arrangement, à l'examen elles paroissent oiseuses & ambiguës. Dans quelque matière que ce puisse être, les mots arrangés avec toute l'exactitude dont leur construction est susceptible, si on les applique à la description d'une chose impossible, ou trop difficile à saisir pour se prêter à

la définition, feront purement des mots fans idée;
& quoiqu'ils amufent l'oreille, ils n'apprendront rien à l'efprit. Ici la prétendue explication que je viens de rapporter embraffe, fans le réfoudre, un premier problème. D'où le monarque tient-il une autorité à laquelle le peuple n'ofe avoir confiance, & qu'il eft toujours obligé de réprimer ? Un peuple fage n'a pu faire un pareil don, & tout pouvoir qui a befoin d'être réprimé ne fauroit venir de Dieu. Cependant les mefures préfervatives qui entrent dans la Cnoftitution, fuppofent l'exiftence d'un pouvoir de ce genre.

Mais ces préfervatifs font trop foibles pour leur deftination ; les moyens font hors d'état de répondre à la fin propofée, & tout cet échafaudage tombe de lui-même. Comme un poids plus fort entraîne toujours un moindre poids, & comme toutes les roues d'une machine font mifes en mouvement par une feule, tout ce qu'il refte à favoir, c'eft, quel eft dans la Conftitution le pouvoir qui a le plus d'influence, car c'eft lui qui gouvernera ; & quoique les autres, ou quelques-unes de leur parties, embarraffent, ou, comme on dit, répriment la rapidité de fon mouvement, auffi long-tems qu'ils ne peuvent l'arrêter, leurs efforts font infructueux : le reffort principal aura enfin le deffus, & le tems le dédommagera de ce qu'il aura perdu quant à la célérité.

Il n'eft pas befoin d'énoncer que la Couronne eft, dans la Conftitution angloife, ce pouvoir

prédominant ; un autre fait qui faute aux yeux,
c'eſt que tout ſon aſcendant lui vient de la diſ-
tribution des penſions & des places. Ainſi ,
quoique nous ayons eu la prudence de fermer
une porte à la monarchie abſolue , nous avons
eu , en même-tems, la ſimplicité d'en donner la
clef au pouvoir exécutif.

L'orgueil national a autánt, ou même plus de
part, que la raiſon au préjugé des Anglois en
faveur de leur gouvernement , compoſé de rois ,
de lords & de Communes. Véritablement, la
ſûreté individuelle exiſte en Angleterre , plus que
dans quelques autres pays ; mais la volonté royale
y forme la loi tout comme en France (*). La ſeule
différence , c'eſt qu'au-lieu de ſortir directement de ſa bouche, elle eſt tranſmiſe au
peuple ſous la forme plus impoſante d'un acte
du Parlement. Le fort de Charles Ier a rendu les
rois plus ruſés , mais il ne les a pas rendus plus
juſtes.

Laiſſant donc de côté tout orgueil national &
tout préjugé en faveur des modes & des formes,
il eſt de vérité conſtante que, ſi la couronne
n'eſt pas oppreſſive comme en Turquie , nous
ſommes redevables de cet avantage à la conſtitution du peuple, & non à celle du gouvernement.

A l'époque où nous ſommes , il eſt infini-

(*) Payne écrivoit ceci long-tems avant notre
glorieuſe Révolution. *Note du Trad.*

ment nécessaire de rechercher les erreurs consti-
itutionnelles du mode de gouvernement adopté
par l'Angleterre. En effet, de même que nous
ne sommes jamais dans une position convenable
pour rendre justice à autrui, tandis qu'une partialité dominante influe sur notre jugement,
nous ne saurions nous la rendre à nous-mêmes,
tant qu'un préjugé opiniâtre nous tient enchaînés;
& comme l'amant d'une prostituée n'est pas capable de choisir ou de juger une honnête femme,
ainsi toute prévention en faveur d'une constitution vicieuse nous ôte la faculté d'en distin-
guer une bonne.

De la Monarchie & de l'Hérédité de la Couronne.

Les hommes étant originairement égaux dans
l'ordre de la création, cette égalité n'a pu être
détruite que par des circonstances subséquentes.
On peut, à beaucoup d'égards, mettre de ce
nombre la distinction que durent établir les
richesses & la pauvreté, & cela sans avoir recours aux termes durs & mal sonnans d'oppression & d'avarice. L'oppression est souvent la
conséquence des richesses, elle n'en est jamais
ou presque jamais la source; & quoique l'avarice empêche un homme de tomber dans l'excès
de l'indigence, elle lui inspire en général trop
de timidité pour qu'il devienne opulent.

Mais il existe une autre distinction d'un ordre
bien plus relevé, à laquelle on ne sauroit assi-

gner de raifon ni vraiment tirée de la nature,
ni déduite de la religion, c'eft la diftinction
des hommes en rois & en fujets. Les fexes font
la diftinction établie par la nature ; le ciel nous
différencie par nos penchans bons ou mauvais ;
mais comment une race d'hommes eft-elle
venue dans le monde avec une fupériorité fi
éminente fur le refte de fes femblables, &
pour former une efpèce nouvelle? Ce problême
eft digne de notre attention ; il ne l'eft pas moins
d'examiner fi ces êtres privilégiés contribuent à
l'infortune ou à la félicité du genre-humain.

Dans les premiers âges du monde, fuivant la
chronologie de l'Ecriture, il n'y avoit point de
rois. Il s'enfuivoit naturellement qu'il n'y avoit
point de guerres. C'eft l'orgueil des rois qui
fême ici bas la difcorde. La Hollande, exempte
de rois, a joui de plus de tranquillité dans ce
fiècle, qu'aucun des gouvernemens monarchiques
de l'Europe (*). L'hiftoire de l'antiquité dé-
pofe en faveur de cette obfervation ; car la vie
tranquille & champêtre des premiers patriarches
offre une image de bonheur, qui s'évanouit
lorfque nous paffons aux annales des rois
juifs.

_____

(*) Cette tranquillité a été troublée depuis peu : mais
cela même confirme l'idée de Payne. Les troubles intérieurs de la Hollande font venus par la faute
des rois, et de ce qu'on avoit entrepris de lui en donner
un. *Note du Trad.*

Les Payens furent les premiers qui introdui-
sirent dans le monde le gouvernement monarchique ; & les enfans d'Israël les copièrent en
ceci. Ce fut l'imagination la plus heureuse que
l'ennemi du genre-humain pût concevoir pour
seconder les progrès de l'idolâtrie. Les Payens
rendoient les honneurs divins à leurs rois ex-
pirés , & l'Univers chrétien a enchéri sur cette
belle idée, en faisant la même chose pour ses
rois vivans. Quelle impiété révoltante que d'ap-
pliquer le titre de sacrée majesté à un vermis-
seau qui rampe dans la poussière au milieu de
sa splendeur !

Comme il est impossible de justifier , d'après
le droit naturel, dont l'égalité est la base ,
l'élévation d'un homme si fort au-dessus des
autres hommes, il ne l'est pas moins de la défendre
par l'autorité de l'écriture. Car la volonté du
Tout-Puissant , déclarée par l'organe du pro-
phète Samuel & de Gédéon, est expressément
contraire au gouvernement des rois. Tous les
passages anti-monarchiques de la Bible ont été
commentés avec adresse dans les monarchies,
mais incontestablement ils méritent de fixer l'attention des pays dont le gouvernement n'est pas
encore formé. Rends à César ce qui est à César ,
est la doctrine adoptée par les cours ; cependant elle ne prête aucun appui au gouvernement
monarchique ; car, au tems où ces paroles
furent prononcées, les Juifs n'avoient point de
roi ; ils étoient en quelque sorte vassaux des
Romains.

Depuis la date de la création, fuivant Moyfe,
près de trois mille ans s'écoulèrent avant que
toute la nation des Juifs, égarée par un même
vertige, demandât un roi. Jufqu'alors la forme
de fon gouvernement, excepté dans les cas ex-
traordinaires où le Tout-Puiffant fe montroit,
avoit été une efpèce de république adminiftrée
par un juge & par les vieillards des tribus. Elle
n'avoit point de roi, & c'étoit pécher que de
donner ce titre à qui que ce fût, hormis au
Dieu des armées. Et lorfqu'on réfléchit férieu-
fement à l'hommage idolâtre qu'on rend à la
perfonne des rois, on n'eft pas furpris que le
Tout-Puiffant, toujours jaloux de fa gloire,
défapprouvât un mode de gouvernement qui
ufurpe avec tant d'impiété la prérogative du ciel.

La monarchie eft rangée, dans l'écriture, parmi les péchés des Juifs, pour lefquels un grand
châtiment leur eft réfervé. L'hiftoire de cet égarement mérite une attention férieufe.

Les enfans d'Ifraël étant opprimés par les Ma-
dianites, Gédéon marcha contre ces ennemis à
fa tête d'une petite armée, & graces à la cé-
lefte entremife, la victoire fe déclara en fa
faveur. Les Juifs, enflés de leur fuccès, &
l'attribuant aux mérites de Gédéon, lui propo-
fèrent de le choifir pour roi, en lui difant :
« Gouverne-nous, toi & ton fils, & les fils de
ton fils ». Jamais tentation ne fut plus attrayante.
Il ne s'agiffoit pas feulement d'un royaume,
mais d'un royaume héréditaire. Mais le pieux
Gédéon répondit : « je ne vous gouvernerai

point , mon fils ne vous gouvernera pas non
plus : Dieu feul vous gouvernera ». C'étoit
parler d'une manière affez précife. Gédéon ne
refufe pas l'honneur qu'on lui offre ; il fe con-
tenta de nier le droit qu'avoient fes compatriotes de le lui offrir. Il ne cherche pas non
plus à les flatter des remercîmens affectés
prenant le langage pofitif d'un prophéte , il les
accufe d'ingratitude envers leur vrai fouverain,
le roi du ciel.

Environ cent trente ans après , ils tombèrent
encore dans la même faute. Il eft fingulière-
ment difficile d'expliquer le penchant qu'ils
avoient pour les coutumes des idolâtres ; quoi
qu'il en foit , profitant de la mauvaife conduite
des deux fils de Samuel , qui étoient chargés de
quelques foins temporels , ils allèrent , fans pré-
paration & en pouffant des cris , trouver ce
prophéte & lui dire : « Regarde , te voilà vieux,
& tes fils ne fuivent point ton exemple. Donne-
nous un roi pour nous juger , comme en on-
les autres peuples ». (Ici je ne peux m'empêcher
d'obferver que leurs motifs étoient répréhen-
fibles ; ils vouloient être comme les autres
nations , c'eft-à-dire comme les Payens , tandis
que leur véritable gloire confiftoit à leur ref-
fembler le moins qu'il étoit poffible.) Mais
Samuel fut choqué de les entendre dire : donne-
nous un roi pour nous juger. Il pria le Seigneur , & le Seigneur lui dit : » Ecoute la voix
du peuple dans tout ce qu'il t'adreffe ; car il
ne t'a pas rejeté , il n'a rejeté que moi en ne

voulant pas que je règne fur lui. Conformément à tout ce qu'ils ont fait depuis que je les
ai tirés de l'Egypte, jufqu'à ce jour, de même
qu'ils m'ont abandonné & qu'ils ont fervi d'autres
Dieux, ainfi font-ils à ton égard. C'eft pourquoi écoute-les, protefte folemnellement contre
leur réfolution, & montre leur la manière d'agir
du roi qui les gouvernera, (c'eft-à-dire, non de
tel ou tel roi, mais en général de tous les rois
des pays qu'Ifraël étoit fi empreffé de copier.
Et, nonobftant la différence énorme des tems
& des ufages, la peinture qu'en fit Samuel eft
encore reffemblante.) » Samuel rapporta les paroles du Seigneur au peuple qui lui demandoit
un roi, & il lui dit : Telle fera la manière d'agir
du roi qui vous gouvernera ; il prendra vos fils
& les attachera à fon fervice perfonnel, à la conduite de fes chars ; il en fera fes cavaliers, &
quelques-uns d'entr'eux courront devant lui.
(Tableau tout-à-fait analogue à la méthode actuelle de la preffe.) Il les nommera capitaines
de mille & de cinquante hommes ; il leur fera
cultiver fes terres, cueillir fa moiffon, fabri-
quer fes machines de guerre, & ce qui entre
dans la compofition de fes chars, & il prendra
vos filles pour apprêter fes defferts, fa cuifine,
& fon pain. (Ce paffage montre le luxe & la
vanité des rois auffi bien que leur tyrannie) Et
il s'emparera de vos plus beaux vergers & de
vos meilleurs plants d'oliviers, pour les donner
à fes ferviteurs, & il prendra la dîme de vos
emences & de vos vignes, & les donnera à
fes

ſes officiers & ſes ſerviteurs, (ceci nous montre qu'une prodigalité intéreſſée, la corruption & le goût pour les favoris ſont les vices permanens des rois) & il prendra le dixième de vos ſerviteurs & de vos ſervantes, & vos jeunes gens les plus utiles & vos ânes pour faire ſon ouvrage, & il prendra la dîme de votre bétail, & vous ſerez ſes valets; & alors vous gémirez à l'occaſion du roi que vous aurez choiſi, & le Seigneur fermera l'oreille à vos gémiſſemens.

Ces dernières paroles ont trait à la continuation de la Monarchie, & le peu de bons rois qui ſont venus depuis n'ont ni ſanctifié ce titre, ni effacé leur péché originel. Les grands éloges donnés à David ne lui ſont point officiellement donnés comme à un roi, mais ſeulement comme à un homme ſelon le cœur de Dieu. Néanmoins le peuple refuſa d'obéir à la voix de Samuel, & il lui dit : « Nous voulons avoir un roi, pour reſſembler à toutes les nations, pour que notre roi nous juge, marche à notre tête, & combatte avec nous ! » Samuel continua de les raiſonner, mais ce fut inutilement. Il leur repréſenta leur ingratitude; tout ce qu'il put leur dire ne ſervit à rien ; & les voyant donner tête baiſſée dans leur égarement, il s'écria : « j'irai trouver le Seigneur, & il enverra le tonnerre & la pluie, (ces fléaux étoient une punition à cette époque; on étoit au moment de la récolte du froment) pour que vous voyez l'énormité du crime que vous avez commis à la face du Seigneur, en vous choiſiſſant un roi. » Samuel appela en effet le

Seigneur, & le Seigneur envoya du tonnerre &
de la pluie; & tout le peuple trembla devant le
Seigneur & devant Samuel, & tout le peuple
dit à Samuel : « prie pour tes serviteurs le Seigneur ton Dieu, qu'il ne nous fasse pas mourir,
car nous avons ajouté à nos péchés celui de
demander un roi. » Ces textes de la Bible font
directs & précis; ils ne font susceptibles d'aucune
interprétation équivoque, ou l'écriture n'est qu'un
tissu de faussetés : or il est certain que le Tout-
Puissant a dans ces passages formellement pro-
testé contre le gouvernement monarchique; &
l'on a grande raison de croire que l'adresse des
rois a autant contribué que celle des prêtres à
dérober au public, dans les pays soumis au papisme, la connoissance de l'Ecriture sainte. Car,
dans toutes les circonstances, la monarchie est
au gouvernement ce que le papisme est à la religion.

Ce n'étoit pas assez des maux de la monarchie;
nous y avons ajouté ceux de l'hérédité des couronnes; & de même que la première est une
dégradation de l'espèce humaine, la seconde
revendiquée à titre de droit est une insulte
& un mensonge faits à la postérité; car tous
les hommes étant originairement égaux,
aucun d'eux ne sauroit tenir de sa naissance le
droit d'assurer à ses descendans une préférence
éternelle sur tous leurs semblables; & supposé
qu'un individu mérite de la part de ses contem-
porains quelques honneurs, renfermés dans les
bornes de la décence, il peut se faire que ses
descendans soient trop méprisables pour qu'ils
leur soient transmis. L'une des plus fortes

preuves que nous fourniſſe la nature , de l'abſurdité du droit héréditaire de régner ſur
les hommes , c'eſt qu'elle le déſapprouve; autrement elle ne s'en feroit pas ſi ſouvent un
jeu , en donnant aux Etats *un âne* à la place
d'un lion.

Secondement , ainſi que perſonne ne pouvoit
dans le principe poſſéder d'autres honneurs que
ceux qui lui étoient décernés, leurs diſpenſa-
teurs n'avoient aucun titre pour diſpoſer du droit
de la poſtérité , & quoiqu'il leur fut permis de
dire : « nous vous choiſiſſons pour notre chef »,
ils ne pouvoient ajouter, ſans ſe rendre coupables
d'une injuſtice manifeſte envers leurs deſcendans :
« vos enfans & vos petits-enfans régneront ſur
nous à jamais » ; parce qu'une tranſaction auſſi
extravagante , auſſi injuſte, auſſi contraire à la
nature , pouvoit, à la prochaine hérédité , les
ſoumettre au gouvernement d'un ſcélérat ou
d'un ſot. Pluſieurs ſages , dans leurs opinions
particulières, ont toujours traité avec mépris
l'hérédité de la couronne. Cependant c'eſt un de
ces maux qu'il n'eſt pas aiſé de faire diſparoître,
lorſqu'il eſt une fois établi. Un grand nombre ſe
ſoumet par crainte , d'autre par ſuperſtition ,
& les plus puiſſans partagent avec le roi le pil-
lage du reſte.

En parlant ainſi , je ſuppoſe à la race actuelle
des maîtres du monde une origine honorable,
tandis qu'il eſt plus que probable que , s'il nous
étoit donné de lever le voile ténébreux de l'antiquité & de les examiner à leur ſource, nous

trouverions que le premier d'entr'eux ne valoit
guère mieux que le principal brigand d'une
troupe effrénée, dont les mœurs fauvages, ou la
prééminence en fait de fubtilité, lui obtinrent
le titre de chef parmi les voleurs fes camarades,
& qui, en étendant fon pouvoir & fes dépré-
dations, força les hommes tranquilles & fans
défenfe à acheter leur fûreté par des contributions fréquentes. Cependant ceux qui l'avoient
élu ne pouvoient avoir l'idée de déférer à fes
defcendans un droit héréditaire, parce que cette
abnégation perpétuelle d'eux-mêmes étoit in-
compatible avec les principes de liberté & d'indépendance dont ils faifoient profeffion. Par
conféquent, dans les premiers âges où il s'éleva
des monarchies, l'hérédité de la couronne ne
put avoir lieu comme un droit légitime, mais
feulement comme l'effet du hafard ou de la reconnoiffance ; & comme les regiftres publics
étoient alors extrêmement rares, ou qu'il n'y en
avoit point du tout, & que l'hiftoire ne fubfiftant
que dans la tradition, étoit fouillée de fables,
rien ne fut plus aifé, après quelques générations,
que d'imaginer un conte mêlé de fuperftition,
accommodé aux circonftances, à l'exemple de
Mahomet, pour inculquer dans l'efprit du vul-
gaire la notion de ce prétendu droit. Peut-être
les défordres apparens ou réels, que l'on avoit à
craindre lors de la mort d'un chef & pendant
l'élection d'un nouveau (car parmi des fcé-
lérats les élections ne pouvoient pas être fort
paifibles), engagèrent d'abord plufieurs individus

à favoriſer les prétentions à l'hérédité ; d'où il réſulta, comme il eſt arrivé depuis, que l'on finit par revendiquer comme un droit, ce qui n'avoit d'abord eu lieu que pour éviter un inconvénient.

L'Angleterre, depuis la conquête, a eu quelques bons rois, en très-petit nombre, mais elle a gémi ſous une multitude de rois pervers : encore, à moins d'avoir perdu le ſens, n'oſeroit-on pas avancer que leur droit ſous Guillaume-le-Conquérant ait été d'un genre fort honorable. Compter pour premier ancêtre le bâtard d'un ſeigneur français, qui débarque à la tête d'une troupe de bandits armés, & qui ſe conſtitue roi d'Angleterre contre la volonté des Anglois, c'eſt avoir une origine bien pitoyable & bien aviliſſante. A coup ſûr la Divinité ne jouoit point là de rôle. Quoi qu'il en ſoit, il eſt inutile de perdre le tems à démontrer la folie du droit héréditaire. S'il y a des gens aſſez foibles pour y croire, qu'ils adorent indiſtinctement les lions, & les ânes, & grand bien leur faſſe ! je ne copierai jamais leur humilité, non plus que je ne troublerai pas leur dévotion.

Cependant je ſerois curieux de leur demander comment ils ſuppoſent que les rois furent établis dans l'origine. Cette queſtion n'eſt ſuſceptible que de trois réponſes, ſavoir ; par le ſort, par la voie de l'élection, ou par uſurpation. Si le premier roi dut ſa place à la faveur du ſort, voilà pour le ſecond une autorité qui exclut l'hérédité de la couronne. Saül fut tiré au ſort,

B 3

& pour cela le droit de succession n'eut pas lieu, & il ne paroît pas dans ce que nous lisons de cet événement, qu'on ait eu la moindre intention de l'établir. Si le premier roi de telle ou telle contrée fut élu, cela fit de même la planche pour son successeur; car avancer que la première élection anéantit le droit de toutes les générations subséquentes, c'est professer une doctrine qui n'a pour pendant, soit dans l'écriture, soit chez les auteurs profanes, que celle du péché originel, où l'on suppose le libre arbitre de tous les hommes détruit dans la personne d'Adam. Or, cette comparaison, la seule admissible, n'est rien moins qu'honorable à la cause de l'hérédité. En effet, comme tous les enfans d'Adam péchèrent en lui, & comme tous les humains votèrent dans la personne des premiers électeurs; comme, dans le premier cas, tous furent assujétis au démon, & dans le second tous furent assujétis à la souveraineté; comme Adam sacrifia notre innocence, & les premiers électeurs l'autorité de chacun de nous, & comme ces deux hypothèses nous ôtent la faculté de recouvrer notre état & nos privilèges primitifs, il s'ensuit incontestablement que le péché originel & l'héridité de la couronne sont absolument de niveau. Parité honteuse! connexion avilissante! & toutefois le sophiste le plus adroit ne sauroit imaginer une comparaison plus juste.

Quant à l'usurpation, il ne se trouvera personne assez hardi pour la défendre; or il est impoſſible de nier que Guillaume-le-Conquérant fut un uſurpateur. Pour dire la vérité ſans déguiſement, l'antiquité de la monarchie angloiſe ne ſoutient pas un examen approfondi.

Mais le danger de l'hérédité des trônes eſt pour le genre-humain d'une toute autre importance que l'abſurdité de cette inſtitution. Si elle nous garantiſſoit un race d'hommes bons & ſages, elle auroit le ſceau de l'autorité divine; mais puiſqu'elle proſtitue indifféremment le ſceptre aux mains de la folie, de la ſcélérateſſe & de l'imbécillité, elle tient de la nature de l'oppreſſion. Des hommes qui ſe regardent comme nés pour régner, & qui regardent les autres comme nés pour obéir, ne tardent pas à devenir inſolens. Séparés du reſte de leurs ſemblables, ils ſucent de bonne heure le poiſon de l'inſolence, & le monde où ils vivent diffère ſi eſſentiellement du monde où nous vivons tous, qu'ils ont bien rarement l'occaſion de connoître ſes véritables intérêts, & qu'au moment où ils prennent à titre de ſucceſſion les rênes du gouvernement, ils ſont preſque toujours les plus ignorans & les plus ineptes de ceux que renferment leurs états.

Un autre inconvénient de l'hérédité, c'eſt qu'elle expoſe le trône à être occupé par un mineur, quel que ſoit ſon âge, & que pendant toute cette minorité, un régent, à l'ombre du ſimulacre royal, a mille moyens de trahir le dépôt qui lui eſt confié, & qu'il en eſt ſollicité par mille ſéductions. L'infortune des peuples

B 4

est la même, lorsqu'un roi, usé par la mollesse
& les infirmités, touche au dernier période de
la foiblesse humaine. Dans ces deux cas, la
nation est la proie de tout scélérat qui sait
tirer parti des folies de l'enfance ou de la
caducité.

Ce qu'on a jamais dit de plus plausible en
faveur de l'hérédité de la couronne, c'est qu'elle
préserve une nation des guerres civiles. Si cette
proposition étoit juste, elle seroit digne de
considération; mais c'est la plus grande faus-
seté dont on ait jamais leurré le genre-humain.
D'un bout à l'autre, l'histoire d'Angleterre la
dément. Trente rois & deux mineurs ont régné
sur cette terre de confusion depuis la conquête,
& dans cette espace, en y comprenant la révolution, il n'y a pas eu moins de neuf guerres
civiles, & de dix-neuf rébellions. Ainsi, au-
lieu de contribuer au maintien de la paix, l'hérédité en est l'ennemie, & détruit la base même
sur laquelle elle semble reposer.

Les querelles des maisons d'York & de Lan-
castre, pour la couronne, &, pour le droit de
succession, inondèrent la Grande-Bretagne de
sang durant une longue suite d'années. Henri &
Edouard se livrèrent douze batailles meurtrières,
sans compter les escarmouches & les sièges;
deux fois Henri fut prisonnier d'Edouard, qui le
fut ensuite de Henri, &, tant le sort de la guerre
est incertain, tant on doit peu compter sur l'hu-
meur d'un peuple, quand les disputes de ses
chefs n'ont pour objet que des intérêts qui leur

font personnels ! Henri fut conduit en triomphe du sein d'une prison dans un palais, & Edouard obligé de quitter son palais pour fuir chez l'Etranger. Cependant, comme les nations ne persistent guère dans les changemens soudains, Henri, à son tour, fut renversé du trône, & l'on rappella Edouard pour le remplacer; le parlement se rangeant toujours du côté du plus fort.

Cette querelle commença sous le règne de Henri VI, & n'étoit pas encore absolument terminée sous Henri VII, dans la personne de qui les deux familles étoient confondues, c'est-à-dire, qu'elle se prolongea durant un espace de soixante-sept ans; savoir, depuis 1422 jusqu'en 1489.

En un mot, la monarchie & l'hérédité du trône ont couvert de sang & de cendres, non-seulement l'Angleterre, mais encore le monde entier. C'est une forme de gouvernement contre laquelle la parole de Dieu s'élève en témoignage, & le meurtre doit l'accompagner.

Si nous examinons les fonctions des rois, nous trouverons que dans certains pays elles sont nulles, & qu'après avoir consumé leur existence sans plaisir pour eux-mêmes, & sans avantage pour les nations qu'ils gouvernent, ils passent derrière le rideau, & laissent leurs successeurs imiter leur indolence. Dans les monarchies absolues, tout le poids des affaires civiles & militaires porte sur la personne du roi; les enfans d'Israël, en demandant un roi, donnoient pour raison qu'il les jugeroit, qu'il marcheroit à leur tête, & qu'il combattroit leurs ennemis. Mais dans les pays où il n'est ni juge, ni général, on est embarrassé de savoir quel est son emploi.

Plus un gouvernement approche de la forme républicaine, moins il offre d'occupation pour un roi. On ne laisse pas que d'être embarassé lorsqu'il s'agit de trouver un nom pour le gouvernement de l'Angleterre : sir William Meredith l'appelle une république; mais dans son état actuel il est indigne de ce nom, parce que le roi pouvant disposer de toutes les places, a tellement, au moyen de son influence corruptrice, accaparé l'autorité toute entière, & détruit la vertu de la chambre des communes, seule partie républicaine de notre constitution, que le gouvernement d'Angleterre est, à peu de chose près, aussi monarchique que celui de la France ou de l'Espagne. Les hommes adoptent des noms sans les comprendre; car c'est de la partie républicaine de leur constitution que les Anglois tirent vanité & non de sa partie monarchique : ils se glorifient du droit de choisir dans leur sein une chambre des communes; or, il est aisé de voir que l'on est esclave par-tout où la vertu républicaine cesse d'être en vigueur. Pourquoi la constitution de l'Angleterre est-elle maladive, si ce n'est parce que la monarchie a empoisonné la république, parce que la couronne s'est emparée des communes?

Le roi d'Angleterre n'a presque d'autre fonc-

tion, pour ainſi dire, que de faire la guerre
& de diſtribuer des places, ou à parler ſans détour, qu'à nous appauvrir, & à faire de nous
ce qu'il veut. Belle occupation, il faut l'avouer,
pour qu'on alloue, au perſonnage qui n'en a point
d'autre, 800 mille livres ſterling par an, & pour
qu'on l'adore par-deſſus le marché! Un honnête
homme eſt d'une toute autre importance dans
la ſociété & aux yeux de Dieu, que tous
les brigands couronnés qui ont jamais paru ſur
la terre.

Réflexions ſur l'état actuel des affaires d'Amérique.

Je ne donnerai dans les pages ſuivantes que
de ſimples faits, des raiſonnemens naturels &
du bon ſens, & je n'ai d'autres préliminaires à
régler avec le lecteur, ſinon qu'il ſe dépouille
de tout préjugé & de toute prévention, & qu'il
laiſſe ſa raiſon & ſa ſenſibilité juger par elles-
mêmes, qu'il adopte, ou pour mieux dire, qu'il
n'abjure point le vrai caractère de l'homme, &
que ſes idées s'étendent généreuſement au-delà
du ſiècle où nous vivons.

On a écrit des volumes ſur la querelle de
la Grande-Bretagne & de l'Amérique. Des per-
ſonnes de tout rang ſe ſont embarquées dans
cette diſpute, excitées par divers motifs & par
des vues différentes ; mais tous leurs efforts ont
été vains, & le tems de la controverſe eſt paſſé.

La guerre, cette reſſource extrême, eſt chargée
de décider ce grand procès : il a plu au monarque
de jeter le gant de la bataille, & l'Amérique
n'a pas craint de le relever.

Pelham, dit-on, qui, malgré ſes talens
pour le miniſtère, n'étoit pas exempt de fautes
ayant été inculpé dans la chambre des communes,
ſur ce que ſes meſures n'étoient jamais que
pour un tems, répondit qu'elles dureroient
autant qu'il feroit en place. Si, dans l'affaire
des Colonies, leurs démarches étoient dirigées
par un ſentiment auſſi funeſte & auſſi inhumain,
les générations futures ne ſe rappelleroient qu'avec
horreur les noms de leurs ancêtres.

Jamais le ſoleil n'éclaira une cauſe plus im-
portante. Ce n'eſt pas l'affaire d'une ville, d'un
comté, d'une province, ou d'un royaume; c'eſt
celle d'un continent, d'un huitième, pour le
moins, de la terre habitable. Ce n'eſt pas l'intérêt d'un jour, d'une année, ou d'un ſiècle;
la poſtérité eſt virtuellement impliquée dans ce
débat, & ſentira plus ou moins le contre-coup
des opinions actuelles juſqu'à la fin des âges.
Nous ſommes au moment où l'union, la bonne
foi, l'honneur des peuples du continent de
l'Amérique doivent jeter leurs éternelles ſe-
mences. La moindre atteinte qui leur ſera portée reſſemblera aux traits indélébiles que laiſſe
un nom gravé ſur l'écorce d'un jeune chêne
avec la pointe d'une épingle : l'inciſion croîtra
avec l'arbre, & la poſtérité lira, en caractères
d'une groſſeur frappante, le nom qu'il fut chargé
de lui tranſmettre.

En mettant la guerre à la place du raisonnement, on a ouvert une nouvelle arêne à la politique., on a donné naiffance à une nouvelle façon de penfer. Tous les plans, toutes les propofitions, &c., antérieurs au dix-neuf avril, c'eft-à-dire au commencement des hoftilités, font comme les almanachs de l'an paffé, qui, bons dans leur tems, font inutiles aujourd'hui. Tous les argumens employés par les avocats de l'un & l'autre parti n'avoient pour terme qu'un feul & même point, favoir l'union de l'Amérique avec la mère - patrie. Ils ne différoient que dans la manière d'effectuer cette union, les uns propofant d'y employer la force, & les autres d'avoir recours aux voies amicales ; mais il eft arrivé que la première n'a pas eu de fuccès, & que les autres ont ceffé d'exercer leur influence.

Comme on a beaucoup parlé des avantages d'une réconciliation, dont l'efpérance, telle qu'un fonge agréable, s'eft diffipée en nous laiffant au point où nous étions, il convient d'examiner l'autre côté de la queftion & d'approfondir les griefs capitaux & nombreux dont les Colonies ont à fe plaindre & dont elles auront à fe plaindre, à raifon de leurs rapports avec l'Angleterre, & de la dépendance où elles font vis-à-vis d'elle ; il convient de difcuter ces rapports & cette dépehdance d'après les principes de la nature & du fens commun, de voir à quoi nous pouvons nous fier, fi nous fommes féparés de la Métropole, ce que nous avons

lieu d'attendre, fi nous fommes dans fa dépendance.

J'ai entendu affurer par quelques perfonnes,
que l'Amérique ayant profpéré tant qu'elle a
eu des rapports intimes avec l'Angleterre, ces
mêmes rapports font nécelfaires pour fon
bonheur & produiront toujours leurs anciens
effets. Rien de plus fallacieux que cette manière
de raifonner. Autant vaudroit affirmer que,
parce qu'un enfant a pris des forces tant qu'il
a vécu de lait, il ne doit jamais vivre d'autre
chofe, ou que les premiers vingt ans de notre
vie doivent nous fervir de règle pour les vingt
ans qui les fuivent. Mais il y a plus. La vérité
ne permet pas d'accorder l'hypothèfe fur laquelle
eft fondée cette propofition. Je déclare franche-
ment que l'Amérique eût profpéré autant &,
felon toute apparence, beaucoup plus qu'elle
n'a fait, fi aucune puiffance de l'Europe ne s'étoit
mêlée de fes affaires. Le commerce qui l'a en-
richie eft fondé fur les néceffités de la vie, & ce
commerce-là fera toujours bon tant que l'on
conferyera en Europe la coutume de manger.

Mais l'Angleterre nous a protégés, difent
quélques-uns de nos adverfaires. Oh! oui. Je
conviens qu'elle a accaparé nos productions,
& qu'elle a défendu notre territoire à nos dé-
pens comme aux fiens; or, le même motif,
favoir, l'intérêt de fon commerce & l'amour de
la domination, l'auroient engagée de même à
protéger la Turquie.

Hélas! nous fumes long-tems égarés par d'an-

ciens préjugés; nous avons fait d'amples facri-
fices à la fuperftition. Nous nous fommes vantés
de la protection de la ·Grande-Bretagne , fans
prendre garde que l'intérêt & non l'attachement
dirigeoit fa conduite ; que , fi elle nous protégeoit
contre des ennemis , ce n'étoit ni contre les
nôtres , ni à caufe de nous , mais contre fes propres
ennemis , & à caufe d'elle-même , contre ceux
qui n'étoient en querelle avec nous que par
rapport à elle , & qui feront toujours nos ennemis fous le même point - de - vue. Que l'Angleterre renonce à fes prétentions fur le continent, ou que celui-ci s'affranchiffe de fa dépendance, nous ferons en paix avec la France
& l'Efpagne, lors même que ces puiffances feront en guerre avec elle. Les malheurs de la
dernière guerre de Hanovre doivent nous mettre
en garde contre le danger des liaifons.

Quelqu'un s'eft permis naguère d'affurer, en
plein parlement, que les Colonies n'ont entr'elles
de relation que par l'entremife de la métropole ,
c'eft-à-dire, que la Penfylvanie & les Jerfeys ,
& ainfi des autres , ne fe tiennent que parce
qu'elles font également des Colonies angloifes.
Voilà à coup fûr une manière fort détournée de
prouver une connexion auffi prochaine ; mais
c'eft au moins la manière la plus fimple & la
feule inconteftable de prouver à quels ennemis
on doit s'attendre. La France & l'Efpagne n'ont
jamais été, & peut-être ne feront jamais nos
ennemis, en tant que nous fommes Américains,

mais en tant que nous sommes sujets de la Grande-
Bretagne.

Mais on insiste, on dit que la Grande-Bretagne est notre mère-patrie : eh bien! sa conduite
n'en est que plus infâme; les brutes elles-mêmes
ne poussent point l'atrocité jusqu'à dévorer leurs
petits ; les sauvages ne font point la guerre à
leurs tribus. Cette affection, en la supposant
vraie; devient donc pour elle un sujet de re-
proche; mais elle n'est point conforme à la vérité
ou du moins elle n'est vraie qu'en partie, & ce
mot de *mère-patrie* a été jésuitiquement adopté
par le ministre & ses parasites, dans l'intention
perfide & méprisable de faire illusion à notre
foiblesse & à notre crédulité. C'est l'Europe,
& non l'Angleterre, qui est la mère-patrie de
l'Amérique; ce nouveau monde a été l'asyle de
tous les Européens persécutés pour avoir chéri
la liberté civile & religieuse. En s'y réfugiant,
ce n'est point des tendres embrassemens d'une
mère qu'ils se sont échappés, c'est un monstre
dont ils ont fui la rage, & cela est si vrai de
l'Angleterre, que la même tyrannie qui chassa
de son sein les premiers émigrans, poursuit
encore leur postérité.

Dans cette immense portion du globe, nous
oublions les étroites limites d'un territoire de
trois cents soixante milles, (l'Angleterre n'a pas
davantage d'étendue) & nous donnons à notre
attachement une échelle plus vaste; nous appellons à la fraternité tous les Européens qui pro-
fessent

feſſent la religion chrétienne (1), & nous tirons vanité de ce ſentiment généreux.

Il eſt ſatisfaiſant d'obſerver par quelles gra-dations régulières nous ſurmontons l'empire des préjugés locaux, à meſure que nos relations s'étendent. Un particulier, né dans une ville d'Angleterre qui eſt diviſée par paroiſſes, s'aſ-ſocie naturellement davantage avec ſes co-pa-roiſſiens, vu que leurs intérêts ſont, le plus ſouvent, communs, & les traite de voiſins ; vient-il à les rencontrer à quelques milles du lieu qu'il habite, il abandonne ces idées rétrécies de rue & de paroiſſe, & les aborde, en leur don-nant le titre de concitoyens ; s'il quitte ſa pro-vince & les rencontre dans une autre, il oublie les diviſions ſubordonnées, & les appelle com-patriotes, par où toutefois il n'entend encore qu'habitans du même comté ; mais ſi, tranſplantés chez l'étranger, ils ſe voient en France ou dans quelqu'autre pays de l'Europe, toutes ces diſ-tinctions locales ſont abſorbées entr'eux dans celles que comporte le nom d'Anglois, & par une juſte analogie de raiſonnement, tous les Eu-ropéens qui viennent ſe rencontrer en Amé-rique ou dans quelqu'autre partie du globe, ſont compatriotes : car l'Angleterre, la Hollande, l'Allemagne, ou la Suède, lorſqu'on les com-pare à l'Europe entière, offrent des diviſions

_____

(1) Pourquoi ne pas y joindre ceux qui en pro-feſſent d'autres, et ceux qui n'en profeſſent aucune ? *Manent veſtigia ruris.* Note du Trad.

proportionnellement femblables à celles de rue, de ville & de province, & elles échappent à des ames qui n'embraffent plus que de grands efpaces, tels que ceux des continens. Il n'y a pas un tiers des habitans de la province que j'habite qui foit d'origine angloife; je réprouve donc le titre de mère-patrie, appliqué à l'Angleterre, comme faux, inventé par fon intérêt, propre à rétrécir les idées, & contraire à la générofité que tout homme doit avoir dans le cœur.

Mais je fuppofe que nous foyons tous d'origine angloife, qu'en faut - il conclure? abfolument rien : la Grande-Bretagne s'étant déclarée notre ennemie, cet acte abroge tous les titres, tous les noms antérieurs, & c'eft vraiment une folie que de prétendre qu'il foit de notre devoir de nous réconcilier avec elle. Le premier roi d'Angleterre de la dynaftie actuelle, (Guillaume-le-Conquérant) étoit François, & la moitié des pairs d'Angleterre font originaires de France. Il s'enfuivroit donc, dans cette manière de raifonner, que la France devroit gouverner l'Angleterre.

On a beaucoup exalté la force qui réfulte pour l'Angleterre & les Colonies de leur union; l'on a répété mille fois qu'enfemble elles pourroient braver l'Univers; mais ce ne font là que des préfomptions. Le fort des combats eft incertain; d'ailleurs ces propos ne portent fur rien de folide : car jamais l'Amérique ne fe laifferoit dépouiller de tous fes habitans, pour foutenir les armes britanniques en Afie, en Afrique ou en Europe.

Outre cela, que nous importe de pouvoir braver l'Univers ? Notre objet eft le commerce, & pourvu que nous ne le perdions pas de vue, nous nous affurerons la paix avec l'Europe, & l'amitié de fes peuples, parce qu'il eft de l'intérêt de toutes les nations européennes de trafiquer librement en Amérique. Le commerce fera toujours le génie tutélaire des Américains, & leurs terres ne produifant pas les métaux que recherche la cupidité, ils font à l'abri des invafions.

Je défie le plus grand partifan du projet de réconciliation, de montrer un feul avantage qui puiffe réfulter pour ce continent, de fon union avec la Grande-Bretagne ; oui, je répète ce défi, il n'en doit efpérer aucun. Nos bleds fe vendront dans quelque marché que ce foit de l'Europe, & de quelque part qu'il nous plaife de tirer nos importations, il faudra toujours les payer.

Mais les inconvéniens & les dommages auxquels cette union nous expofe, font innombrables, & ce que nous devons, tant au genre-humain qu'à nous-mêmes, nous fait une loi de renoncer à cette alliance ; toute fujétion, toute dépendance, à l'égard de la Grande-Bretagne, conduit directement à envelopper l'Amérique dans la guerre & les querelles dont l'Europe eft le théâtre, & nous met en méfintelligence avec

C 2

des nations qui, sans cela, rechercheroient notre amitié, & contre lesquelles nous n'avons aucun sujet de ressentiment ou de plainte. L'Europe étant le siège de notre commerce, nous ne devons former de liaison particulière avec aucun de ses peuples. Le véritable intérêt de l'Amérique est de n'entrer dans aucune des contestations européennes ; & jamais elle n'en pourra venir à bout, tant que sa dépendance à l'égard de la Grande-Bretagne la fera intervenir dans tous les mouvemens de la politique Angloise.

L'Europe compte trop de royaumes pour être long-tems en paix, & toutes les fois que la guerre a lieu entre la Grande-Bretagne & quelques autres puissances, c'en est fait du commerce de l'Amérique, *à raison de ses liaisons avec l'Angleterre.* Il peut arriver que la guerre prochaine n'ait pas la même issue que la dernière ; & dans ce cas, les personnes qui plaident aujourd'hui en faveur de notre réconciliation, changeront de langage, & desireront que nous soyons séparés de la cause de la Grande-Bretagne, parce qu'alors il sera plus avantageux d'être neutre que d'avoir des escortes. La justice & la nature invoquent cette scission. Le sang des victimes de la guerre, la voix de la nature en pleurs crient qu'il est tems de nous séparer. Il n'y a pas jusqu'à la distance que le ciel a mise entre l'Angleterre & l'Amérique, qui ne démontre que jamais il n'eut dessein de soumettre l'une de ces régions à l'autre. Le tems où ce

continent fut découvert ajoute au poids de cet
argument, & la manière dont il fut peuplé en
augmente la force. La découverte de l'Amérique
précéda la réforme, comme si la bonté de l'Etre
Suprême avoit eu dessein d'ouvrir un sanctuaire
aux objets des persécutions futures, lorsque
leur patrie ne leur offriroit plus ni amitié ni
sûreté.

L'autorité que la Grande-Bretagne exerce sur
les Colonies, constitue un mode de gouvernement qui doit cesser tôt ou tard ; & quelque
convaincu que puisse être un homme réfléchi,
que ce qu'il nomme la Constitution actuelle
est purement temporaire, cette conviction sert
à l'affliger, & il ne sauroit trouver aucune sa-
tisfaction à porter ses regards dans l'avenir.
Nous ressemblons à des parens déchus de tout
plaisir, dans la triste certitude que le gouvernement sous lequel ils vivent n'est point assez
durable pour garantir les propriétés qu'ils laisf-
seront à leurs descendans ; & par un raisonnement très-simple, comme nous prenons des
engagemens au nom de la génération qui nous
remplacera, nous devons travailler pour elle,
autrement nous agirions d'une manière aussi
déplorable que honteuse. Afin d'acquérir une
idée juste de nos devoirs, élevons nos enfans
à notre hauteur, & plaçons - nous quelques
années plus avant dans la carrière de la vi.
Sous ce point - de - vue, nous aurons une petit
pective que nous dérobe maintenant u' petit
nombre de préjugés & de craintes.

C 3

Plufieurs ont l'avantage de vivre loin du théâtre des calamités. Le mal ne fe fait pas affez fentir dans leurs habitations pour qu'ils fentent le peu de certitude attachée aux propriétés américaines. Mais fuppofons-nous pour un moment à Bofton. Ce féjour de détreffe nous deffillera les yeux; nous y apprendrons à rejeter fans retour une domination à laquelle nous ne pouvons nous fier. Les habitans de cette ville infortunée, qui, peu de mois auparavant, jouiffoient du bien-être & de l'abondance, n'ont aujourd'hui d'autre alternative que d'y refter pour mourir de faim, ou de l'abandonner pour aller demander leur fubfiftance. Expofés au feu de leurs compatriotes, s'ils ne veulent pas s'éloigner de leurs murs; ils courent rifque d'être pillés par la foldatefque, s'ils entreprennent d'en fortir. Dans leur fituation préfente, ils fe trouvent prifonniers fans avoir l'efpérance de recouvrer leur liberté, & fi l'on faifoit une attaque générale pour venir à leur fecours, ils feroient en butte à la fureur des deux armées.

Des hommes d'un caractère paffif traitent légèrement les offenfes de l'Angleterre, & fe flattant toujours que les chofes iront pour le mieux, ils s'écrieroient volontiers : venez, venez, je ferons amis malgré vos torts. Mais étudiez intel paffions & les fentimens du cœur humain, prônée la nature fur cette réconciliation fi honorer, & dites-moi fi vous pouvez aimer, fervir fidèlement un maître qui a porté

chez vous le fer & le feu. Si vous en êtes
incapable, vous vous faites donc illusion à
vous-même, & vos délais font mortels à votre
poſtérité. Votre union future avec l'Angleterre,
que vous ne pouvez ni chérir ni honorer, ſera
forcée & contraire à la nature; & comme elle
n'aura été formée que d'après les circonſtances
actuelles, un peu de tems amènera une rechûte
pire que vos premiers griefs. Mais ſi vous me
dites que vous vous ſentez la force de les oublier, je vous adreſſerai les queſtions ſuivantes :
A-t-on incendié votre maiſon & détruit votre
propriété fous vos yeux ? Votre femme & vos
enfans n'ont-ils plus de lit pour repoſer, plus de
pain pour ſe nourrir ? Les ſoldats anglois vous
ont-ils privé d'un père ou d'un fils, en vous
laiſſant l'horrible malheur de ſurvivre à leur
perte ? Si vous n'avez pas éprouvé ces déſaſtres,
vous ne ſauriez juger ceux qui en gémiſſent ;
mais ſi vous les avez éprouvés, & que vous
puiſſiez encore ſerrer la main de ces brigands ,
vous êtes indigne du nom de père, d'époux,
d'amant ou d'ami; & quel que ſoit votre rang
dans la ſociété, de quelque titre honorable que
vous ſoyiez revêtu, votre cœur eſt celui d'un
lâche, & votre énergie celle d'un ſycophante.

Ce n'eſt pas envenimer les choſes, ou les
exagérer, que de les ſoumettre à l'épreuve des
affections que la nature juſtifie, & ſans leſ-
quelles nous ſerions incapables de remplir les
obligations ſociales, ou de gouter les douceurs
de la vie. Mon intention n'eſt pas d'exciter

l'horreur afin de provoquer la vengeance, mais
d'interrompre le fommeil honteux & funefte où
nous fommes plongés, pour que nous fuivions
conftamment un plan fixe. Il n'eft au pouvoir
ni de l'Angleterre, ni de toute l'Europe, de
conquérir l'Amérique, fi elle n'eft pas d'intelligence contre elle-même, avec fes conquérans,
par fes délais & fa timidité. L'hiver, dans lequel
nous entrons, vaut un fiècle, fi nous favons en
profiter ; fi notre imprudence le néglige, tout
le continent partagera notre infortune : & quels
châtimens ne mérite pas un homme, quel qu'il
foit, en quelque lieu qu'il réfide, qui empêche
que l'on ne profite d'une faifon fi précieufe ?

Il répugne à la raifon, à l'ordre univerfel,
à tous les exemples que fournit l'antiquité, de
fuppofer que l'Amérique puiffe être long-tems
fujette d'une domination étrangère. Les efprits
les plus audacieux de l'Angleterre ne le penfent
pas. A moins de prononcer la féparation, les
derniers efforts de l'humaine fageffe ne fauroient,
à l'heure qu'il eft, combiner un plan, qui nous
promette même un an de fécurité. Toute idée
de réconciliation n'eft plus qu'un rêve trom-
peur. La nature s'eft retirée de cette liaifon ;
l'art ne peut la remplacer, car pour me fervir
d'une excellente remarque de Milton, jamais il
ne peut fe former de raccommodement véritable, où la haine a fait de fi profondes
bleffures.

Toutes les mefures tranquilles pour amener
la paix ont été fans effet. On a rejeté nos

prières avec dédain; elles n'ont servi qu'à nous
convaincre que rien ne flatte la vanité des rois,
ou ne les confirme dans leur obstination,
comme des supplications répétées; en effet,
n'est-ce pas là ce qui a le plus contribué à
rendre les souverains de l'Europe absolus? Le
Danemarck & la Suède en font des exemples
frappans. Ainsi, puisqu'il n'y a rien à espérer
que des armes, pour Dieu! embrassons le parti
d'une séparation décisive, & ne laissons point
à nos enfans le triste emploi de tuer, avec
l'insignifiant héritage d'une alliance naturelle,
que leurs pères auront violée.

Il faut être visionnaire pour dire que la Grande-
Bretagne ne renouvellera point ses injures.
Nous le crûmes lorsqu'elle retira l'acte du timbre;
mais un an ou deux suffirent pour nous désa-
buser. J'aimerois autant supposer que des nations,
pour avoir été vaincues une fois, ne reprendront
jamais les armes.

Quant aux opérations du gouvernement, il
n'est pas au pouvoir de l'Angleterre de traiter
l'Amérique comme nos intérêts l'exigent. Avant
peu nos affaires seront trop importantes & trop
compliquées, pour qu'une autorité placée si
loin de nous, & qui nous connoît si peu, les
régisse convenablement. Il est aussi impossible
à l'Angleterre de nous gouverner que de nous
conquérir. Avoir toujours deux ou trois mille
lieues à faire pour un rapport ou une pétition,
attendre quatre ou cinq mois la réponse, avoir
besoin, quand on l'a reçue, de cinq ou six

autres mois pour l'expliquer , ce sont des choses
que, sous très-peu d'années, on regardera comme
un enfantillage & une folie. Cela peut avoir été
bon autrefois ; mais le tems est venu où il est
à propos que cela finisse.

Il est tout simple que des royaumes prennent
sous leur protection des îles de peu d'étendue,
incapables de se protéger elles-mêmes ; mais il y
a de l'absurdité à supposer un continent toujours
gouverné par une île. La nature n'a point fait
des satellites plus gros que leur planète ; & puisque l'une à l'égard de l'autre, l'Angleterre &
l'Amérique renversent l'ordre commun des choses,
il est évident qu'elles appartiennent à des sys-
têmes différens ; la première à l'Europe , l'Amérique à elle-même.

Ce n'est point l'orgueil, la rage des partis ou
le ressentiment qui me font embrasser la doctrine de la scission & de l'indépendance. Je suis
clairement & positivement persuadé, je le suis
dans mon for intérieur, que le véritable intérêt
de l'Amérique consiste à ne plus dépendre de la
Grande-Bretagne; que tout arrangement où celui-
là n'entre pas est un pur assemblage de pièces
de rapport, qu'il ne sauroit produire une félicité
durable, que par-là nous laisserions la guerre à
nos enfans, que ce seroit reculer au moment
où soit un peu plus, soit un peu moins de har-
diesse, auroit fait de ce continent l'orgueil du
monde.

L'Angleterre n'ayant point fait d'avances pour
une réconciliation , nous pouvons être certains

de n'en pas obtenir des conditions dignes d'être acceptées, ou qui nous dédommagent, de quelque manière que ce soit, du sang & des trésors que nous avons déjà prodigués.

L'objet d'une demande doit toujours être proportionné aux dépenses que l'on a faites pour l'obtenir. La disgrace de North ou de toute sa ligue infernale n'est pas un succès assez glorieux pour nous consoler des millions dont nous nous sommes appauvris. Une suspension momentanée dans notre commerce étoit un malheur qui auroit suffisamment balancé l'avantage de voir abroger tous les actes dont se plaignoit l'Amérique, dans le cas où elle auroit obtenu l'abrogation de quelques-uns. Mais si le continent tout entier doit prendre les armes, si chacun doit devenir soldat, c'est perdre votre tems que de lutter seulement contre un ministère méprisable. Ah ! nous payons bien cher l'abrogation des actes qui nous révo'tent, si nous ne combattons pas pour autre chose ; car, à parler vrai, il est tout aussi extravagant d'essuyer un désastre tel que celui de Bunker-hill, pour des loix dont on ne veut pas, que pour un territoire auquel on prétend. J'avois toujours regardé l'indépendance de l'Amérique comme un événement qui devoit avoir lieu tôt ou tard, & d'après la rapidité avec laquelle j'ai vu se mûrir dans ce dernier période le caractère de ses habitans, j'ai pressenti que cet événement ne pouvoit être fort éloigné. Ainsi, lors des premières hostilités, ce n'étoit pas la peine, à moins que nous n'eussion pris la chofe au férieux, de difcuter des griefs auxquels le tems auroit apporté un remède définitif. S'amufe-t-on à charger fon bien d'un procès, pour mettre ordre aux envahiffemens d'un tenancier, dont le contrat eft fur le point d'expirer ? Perfonne ne defira plus ardémment que moi notre réconciliation avec l'Angleterre, avant la fatale bataille de Lexington, (donnée le dix-neuf avril 1775) mais à l'inftant où l'on rendit public l'événement de cette journée....

Mais fuppofé que tout fût maintenant arrangé, qu'en arriveroit-il ? Je réponds : la ruine de l'Amérique, & cela pour plufieurs raifons.

1°. L'autorité demeurant entre les mains du Roi, il aura le *veto* fur toute la légiflation de ce continent. Or, eft-il ou n'eft-il pas l'homme fait pour dire aux Colonies : « vous n'établirez des loix que celles qu'il me plaira. » Y a-t-il un feul Américain affez ignorant pour ne pas favoir que, fuivant ce qu'on nomme la Conftitution actuelle, ce continent ne peut faire de loix fans la permiffion du monarque; & y a-t-il un feul homme affez dépourvu de fens pour ne pas voir qu'à raifon de ce qui s'eft paffé, il ne nous laiffera faire d'autres loix que celles qui répondront au but qu'il fe propofe ? Nous pouvons auffi bien devenir efclaves faute de loix établies chez nous, qu'en nous foumettant à des loix faites pour nous en Europe. Les chofes une fois arrangées, comme on dit, y a-t-il le moindre doute que tout le pouvoir de la couronne ne soit mis en usage pour tenir l'Amérique dans l'état le plus humble? au-lieu d'aller en avant, il faudra reculer, ou n'avoir d'autre affaire que des débats continuels & des pétitions ridicules.

Réduisons la question à ses derniers termes. Un pouvoir jaloux de notre prospérité est-il propre à nous gouverner? Quiconque soutient la négative est un indépendant; car ce mot d'indépendance implique seulement l'alternative de faire nous-mêmes nos loix, ou *de ne plus tenir à l'Angleterre.*

Mais, dira-t-on, le roi a le *veto* dans la métropole; la nation ne peut y faire des loix sans son consentement. A consulter la raison & le bon ordre, il est passablement ridicule qu'un jeune homme de vingt-un ans, comme il est arrivé plus d'une fois, dise à plusieurs millions d'hommes, plus âgés & plus sages que lui : » Je défends que tel ou tel de vos actes ait force de loi ». Mais je veux bien ne pas employer ici ce genre de réfutation, quoique résolu à ne jamais cesser de montrer l'absurdité d'un pareil usage; & je me contenterai de répondre, qu'il résulte une très-grande différence de ce que le roi réside en Angleterre, & ne réside pas en Amérique. Le *veto* du roi est ici dix fois plus dangereux qu'il ne peut l'être en Angleterre; car il ne refuseroit guère son consentement à un bill qui auroit pour objet de mettre la Caix, n'en Bretagne sur un meilleur pied de nos impôts puisqu'il y fait son séjour, au-lieu qu'il no laisseroit jamais passer un tel bill relativement à l'Amérique.

L'Amérique ne joue qu'un rôle secondaire dans le système de la politique angloise : l'Angleterre ne consulte l'avantage de cette contrée qu'autant qu'il se rapporte à ses vues. Son propre intérêt l'engage, par conséquent, à empêcher l'accroissement de notre prospérité, toutes les fois qu'il ne tend pas à la sienne, ou pour peu qu'il la contrarie. Le bel état que nous formerions dans peu sous un tel gouvernement, d'après ce qui est arrivé ! le simple changement d'un nom ne suffit pas pour que d'ennemis on devienne amis, & afin de montrer qu'à présent les plans de réconciliation nous menacent des plus grands dangers, j'affirme qu'il seroit d'une excellente politique pour l'Angleterre d'abroger les actes qui ont fait le principe de nos querelles, en vue de rétablir, dans son ancienne forme, le gouvernement des Colonies, parce qu'elle *s'assureroit de cette manière le droit & les moyens de nous tyranniser plus que jamais.*

2°. Les conditions les plus favorables que nous soyons dans le cas d'espérer, devant se réduire à des expédiens momentanés, ou à une sorte de gouvernement par tutelle, qui cessera lorsque les colonies seront *majeures*; la situation générale des affaires, durant cet intervalle, ne sera ni solide ni flatteuse. Les riches émi-grations n'accourront point dans une contrée, où le gouvernement ne tiendra qu'à un fil, où des divisions & des troubles feront fans cesse fur le point d'éclater ; & la plupart des habitans actuels profiteront de l'*interim* pour, disposer de leurs biens & quitter le continent.

Mais le plus fort de tous les raisonnemens, c'est que l'indépendance, ou en d'autres termes, une forme de gouvernement dont le siège soit en Amérique, peut seule la maintenir en paix & la préserver des guerres civiles. Je crains aujourd'hui l'issue d'une réconciliation avec l'Angleterre, attendu qu'il est plus que probable qu'elle sera suivie de manière ou d'autre par une révolte dont les suites peuvent entraîner infiniment plus de désastres que toute la malice des Anglois.

Leur barbarie a déjà ruiné des millions d'Américains ! d'autres millions éprouveront vraisemblablement le même fort ! ceux qui n'ont rien souffert ont le cœur autrement fait que nous. Tout ce que les Américains possèdent aujourd'hui se borne à la liberté ; ce dont il jouissoient auparavant, ils l'ont sacrifié pour elle, & n'ayant plus rien à perdre, ils dédaignent de se soumettre. Outre cela, la disposition générale des Colonies, à l'égard d'une forme de gouvernement exercée par l'Angleterre, ressemble aux idées d'un jeune homme qui touche au moment d'être affranchi de son tuteur ; elles ne s'en mettent guère en peine. Or, tout gouvernement qui n'a pas la force de maintenir la paix, n'en mérite pas le nom, & dans ce cas, nos impôts font fans objet : car', je demande, en fuppofant qu'un tumulte s'élevât le lendemain de la réconciliation, ce que l'Angleterre feroit pour le réprimer, elle dont l'autorité ne fe manifefteroit que par écrit. J'ai ouï dire à quelques perfonnes, dont la plupart, je crois, parloient fans réflexion, qu'elles redoutoient l'indépendance des Colonies, dans l'appréhenfion qu'elle n'enfantât des guerres civiles ; mais la · guerre civile eft cent fois plus à craindre d'une liaifon mal affortie que de l'indépendance ; je me mets à la place de ceux qui fouffrent, & je protefte que fi j'étois chaffé d'habitations en habitations, fi ma propriété étoit détruite & ma ruine confommée, naturellement fenfible à l'injure, je ne goûterois jamais le fyftême d'un raccommodement, & ne me croirois pas lié par l'aveu que mes compatriotes y auroient donné.

Les Colonies ont fait voir des difpofitions fi fages & tant d'obéiffauce à un gouvernement pris dans leur fein., que c'en eft affez pour tranquillifer, fur ce point, tout homme raifonnable. Les plus timides ne peuvent alléguer, pour motifs de leurs alarmes, que des prétextes ridicules & puérils, comme lorfqu'ils fuppofent que telle Colonie prétendra la fupériorité fur telle autre.

Où il n'exifte point de diftinctions, il ne peut y avoir de fupériorité ; l'égalité parfaite ne donne point d'accès aux tentations. Toutes les républiques de l'Europe font dans une paix continuelle ; la Hollande & la Suiffe n'ont ni

guerres

guerres étrangères ni guerres inteſtines. Au contraire, le repos des monarchies n'eſt jamais
durable. Au dedans, la couronne féduit toujours
quelques ſcélérats entreprenans ; & l'orgueil, l'inſolence, compagnes inſéparables de l'autorité
des rois, amènent de fréquentes ruptures avec les
puiſſances étrangères, pour des griefs, ou pour
de ſimples mépriſes qu'un gouvernement répu-
blicain, fondé ſur des principes plus naturels,
arrangeroit par la voie des négociations.

Si l'indépendance des colonies eſt de nature
à inſpirer quelques craintes, c'eſt parce qu'on
n'a pas encore arrêté de plan à cet égard. Les
Américains ne voient pas encore la marche
qu'ils doivent ſuivre. Je vais donc, pour faci-
liter le travail, préſenter mes idées particulières
tout en aſſurant, avec la modeſtie qui convient dans un pareil ſujet, que je les enviſage
uniquement comme pouvant ſervir à en ſug-
gérer de meilleures. S'il étoit poſſible de réunir
les opinions éparſes des individus, elles four-
niroient ſouvent aux hommes ſages & habiles
des matériaux dont ils ſauroient tirer un parti
avantageux.

Que les aſſemblées de chaque colonie ſoient
annuelles, & ſans autre officier qu'un préſident ;
que la repréſentation y ſoit plus égale ; que leurs
délibérations n'aient pour objet que leurs propres affaires, & qu'elles ſoient ſoumiſes à l'autorité d'un congrès général.

Que chaque colonie ſoit diviſée en ſix, huit
ou dix diſtricts d'une étendue convenable, dont

D

chacun enverra un certain nombre de députés au
Congrès, de manière que chaque colonie en
envoie au moins trente. Le nombre des membres
du Congrès sera au moins de trois cent quatre-
vingt-dix. Le Congrès se formera & choisira son
président de la manière suivante. Tous les députés rendus au lieu de ses séances, qu'on tire au
sort une des treize colonies, & que, parmi les
députés de celle que le sort aura désignée, tout
le Congrès choisisse son président au scrutin.
Que dans le Congrès suivant on ne tire au sort
qu'une colonie sur douze, en mettant de côté
celle qui a fourni le président du dernier Congrès, & que l'on continue ainsi jusqu'à ce que
les trente colonies aient subi cette épreuve ; &
pour que le Congrès ne décrète rien que de juste,
les trois cinquièmes des voix formeront seuls
la majorité. Celui qui excitera la discorde sous
un gouvernement dont les bases seront si con-
formes à l'égalité, auroit été dans le ciel un
des complices de la révolte de Lucifer.

Mais comme le choix des personnes qui établiront cet ordre, ou la manière dont on s'y
prendra pour l'établir, sont des objets d'une
nature extrêmement délicate, & comme ce soin
paroît regarder plus particulièrement un corps
intermédiaire, placé entre le gouvernement & le
peuple, que l'on ouvre une CONFÉRENCE CON-
TINENTALE sur le plan & pour l'objet que je vais
indiquer.

Un comité de vingt-six membres du Congrès,
savoir, deux députés de chaque colonie, deux

membres de chaque affemblée provinciale , &
cinq repréfentans de toute la maffe du peuple,
qui feront choifis dans la capitale de chaque
province , au nom & pour les intérêts de la province entière , par autant d'électeurs que l'on
jugera convenable d'en appeller de toutes les
parties de la province ; on pourroit auffi , pour
plus de commodité , choifir les repréfentans dans
deux ou trois diftricts , les plus peuplés de la
colonie. La conférence ainfi formée , raffem-
blera les deux grands pivots des affaires, le favoir
& l'autorité. Les membres du Congrès & des
affemblées provinciales , ayant acquis de l'expérience en difcutant les intérêts nationaux ,
ouvriront d'utiles avis , & leur enfemble, revêtu
des pouvoirs du peuple , aura véritablement une
autorité légale.

Les membres de la conférence une fois affem-
blés , s'occuperont de rédiger une CHARTRE CON-
TINENTALE, ou chartre des Etats - Unis , qui
réponde à ce qu'on nomme la grande-chartre de
l'Angleterre ; ils y fixeront le nombre & le mode
d'élection des membres du Congrès , & de ceux
des affemblées provinciales , la durée de leurs
feffions , & la limite précife de leurs travaux &
de leur jurifdiction ; ils ne perdront jamais de
vue que notre force aura pour bafe l'union des
diverfes colonies en un feul état , & non la
puiffance particulière de chacune d'elles ; ils
affureront à chaque individu liberté & propriété ,
& fur-tout le libre exercice de la religion , fuivant leur confcience. Enfin ils inféreront dans

D 2

leur chartre tout ce que doit contenir un ouvrage de ce genre. Dès qu'elle feroit terminée,
la conférence fera diffoute, & les corps choifis
conformément à la chartre, prendront l'autorité
légiflative & adminiftrative de l'Amérique pour
le tems qui leur aura été prefcrit.

Si jamais on confie des fonctions de cette
importance à une affemblée quelconque, qu'il
me foit permis d'offrir aux réflexions de fes membres l'extrait fuivant de Dragonetti, l'un des
plus fages obfervateurs qui aient exifté en matière
de gouvernement : « La fcience de l'homme
» d'État, confifte à fixer le vrai point du
» bonheur & de la liberté. Ce feroit acquérir
» des droits à la reconnoiffance de tous les
» fiècles, que de découvrir un mode de gou-
» vernement qui, en furchargeant le moins pof-
» fible le tréfor national, offriroit la plus grande
» fomme de félicité individuelle ».

Dragonetti, *fur la vertu & les récompenfes.*

Mais où eft le roi de l'Amérique, demande-
ront quelques perfonnes? Mes amis, je vais vous
le dire; il eft au ciel, & ne s'amufe point à faire
entre-tuer les hommes.

Cependant pour que nous n'ayons pas l'air
de manquer de cérémonies & de pompe terreftre,
qu'il y ait un jour folemnellement réfervé pour
la proclamation de la chartre; ce jour-là, qu'elle
foit tirée des archives nationales, & placée fous
l'augufte recueil des loix divines; que l'on pofe

deſſus une couronne, afin d'apprendre à l'Univers que les Américains ſont partiſans de la monarchie, en ce ſens que LA LOI LEUR SERT DE ROI. Car de même que dans les gouvernemens abſolus, la loi réſide dans la perſonne du monarque ; dans les pays libres, la loi elle même doit être le monarque, & il ne doit pas y en avoir d'autre. Mais afin de prévenir les abus qui pourroient s'introduire par la ſuite, qu'à la fin de la cérémonie on défaſſe la couronne, & que ſes débris ſoient abandonnés au peuple, à qui elle appartient de droit.

Le droit naturel nous autoriſe à nous gouverner nous-mêmes, & lorſqu'on réfléchit ſérieuſement à l'incertitude des choſes humaines, on n'a pas de peine à ſe convaincre qu'il eſt infiniment plus ſage & plus ſûr de rédiger de ſang-froid & avec maturité, une conſtitution à notre uſage, tandis que nous en avons le pouvoir, que de laiſſer un objet auſſi important à la diſpoſition du tems & du haſard. Si nous le négligeons maintenant, il peut s'élever après nous un Maſaniel (1) qui, profitant de l'inquiétude

_____

(1) Pêcheur de Naples, qui, après avoir animé ſes concitoyens, dans la place du marché, contre l'oppreſſion des Eſpagnols, alors maîtres de cette ville, les excita à la révolte, et n'eut beſoin que d'un jour pour ſe faire nommer roi.(Cette note de Payne n'eſt pas tout-à-fait exacte. Il ſe paſſa ſept jours avant que les Napolitains jetaſſent les yeux ſur Maſaniel,

populaire, raffemble les mécontens & les gens
fans reffource, &, s'emparant avec eux des
rênes du gouvernement, anéantiffe fans retour
la liberté de l'Amérique. Si l'adminiftration re-
tourne aux mains de la Grande-Bretagne, il fe
trouvera quelqu'avanturier qui, n'ayant rien à
perdre, & tenté par la fituation équivoque de
nos affaires, offaiera de nous affujétir ; &,
dans ce péril, quel fecours attendre de l'Angleterre ? Avant qu'elle en ait reçu la nouvelle,
le coup fatal fera porté, & nous gémirons,
comme les Anglois du tems d'Harold, fous la
tyrannie d'un conquérant. Vous ne favez ce que
vous faites, vous tous qui rejetez le parti de
l'indépendance ; vous favorifez l'établiffement
d'une éternelle oppreffion.

Des milliers de nos frères penfent qu'il feroit
glorieux de chaffer du continent cette puiffance
infernale & barbare, qui a fufcité les fauvages
& les nègres pour notre deftruction ; cruauté
empreinte du fceau d'un double crime, l'inhu-
manité envers nous, la perfidie à l'égard de ceux
qui l'ont commife.

C'eft être dans le délire que de parler d'amitié entre nous & des hommes en qui notre raifon
nous défend d'avoir confiance, pour qui nos

pour le mettre à leur tête ; et, pendant la courte durée de sa domination, il reconnut toujours la fupré-
matie du roi d'Espagne. Le peuple et lui n'en vou-
oient qu'au duc d'Arcos, vice-roi.)

plus tendres affections, blessées de mille manières, ne nous inspirent que de l'horreur. Chaque
jour efface entre eux & nous les foibles restes
de notre parenté; & doit-on se flatter de voir
croître l'attachement, à mesure que nos liaisons
naturelles s'affoiblissent, ou bien que nous vi-
vrons en meilleure intelligence, lorsque nous
aurons des sujets de querelle, plus graves &
plus nombreux que jamais.

Vous qui nous parlez de bonne harmonie &
de réconciliation, pourriez-vous nous rendre le
tems qui s'est écoulé? Pourriez-vous replacer
dans son état d'innocence primitive, une victime
de la prostitution? Eh! bien, vous ne pouvez
pas d'avantage réconcilier l'Angleterre & l'Amérique. Le dernier fil est rompu; le peuple, en
Angleterre, présente des adresses contre nous.
Il est des outrages que la nature ne pardonne
jamais; elle cesseroit d'être la nature, s'il lui
arrivoit de les pardonner. Il n'est pas plus au
pouvoir de l'Amérique d'oublier les meurtriers
qui lui sont venus d'Angleterre, qu'au pouvoir
d'un amant d'effacer de son souvenir le ravis-
seur de sa maîtresse. Ce n'est pas sans une intention bonne & sage que le Tout-Puissant a
mis ces affections dans nos cœurs.

Son image y est sous leur garde; elles nous
distinguent de la foule des brutes. Le pacte so-
cial se dissoudroit, l'équité disparoîtroit de la
terre, si nous étions sourds à la voix de la sen-
sibilité. Que de fois le vol & le meurtre des

meureroient impunis , si nos passions outragées
ne nous provoquoient à la justice !

O vous qui chérissez les hommes , vous qui
ne craignez pas de lutter contre la tyrannie, de quelque part qu'elle vienne, montrez-
vous ! Toutes les contrées de l'ancien monde
sont en butte à l'oppression. La liberté s'est vue
poursuivie dans tous les points du globe. Depuis
long-temps l'Asie & l'Afrique l'ont repoussée ;
l'Europe la regarde comme une étrangère , &
l'Angleterre lui a donné le signal du départ.
Ah ! recevez cette fugitive, & préparez , avant
qu'il soit trop tard , un asyle au genre-humain!

Des ressources de l'Amérique. — Réflexions diverses.

Je n'ai rencontré personne, soit en Angleterre, soit en Amérique , qui ne pensât que
tôt ou tard la séparation auroit lieu entre ces
deux contrées, & jamais nous n'avons mon-
tré moins de jugement, que lorsque nous avons
tâché de définir ce que nous appellons la maturité de l'Amérique pour l'indépendance.

Comme on avoue que cette mesure est inévitable , & que les opinions ne varient que sur
le temps où elle doit avoir lieu, pour éviter
les méprises, examinons en général la situation des choses, & tâchons, s'il est possible,
de trouver son époque véritable. Mais nous
n'avons pas besoin de prendre tant de peine;

l'examen cefle dès les premiers pas , car le tems
nous a devancés. Le concours unanime , la glorieufe union de toutes les circonftances prouvent ce fait.

Notre force ne gît pas dans le nombre des
hommes , mais dans l'unité des fentimens ; &
encore le nombre d'hommes que nous pouvons armer fuffit pour repouffer les forces de
l'univers. Les colonies ont maintenant fur pied
le corps le plus confidérable de troupes difci-
plinées que foit en état de lever aucune puiffance ; elles font arrivées au période où aucune
d'elles n'eft en état de fe foutenir elle-même ,
mais où leur confédération bien unie peut les
défendre toutes ; au période où leur fituation ref-
pective , altérée en plus ou en moins , entraîneroit
des conféquences fatales. Nos forces de terre
font déjà fuffifantes , et quant à la marine , nous
ne faurions nous diffimuler que la Grande-
Bretagne ne laifferoit pas conftruire un feul
vaiffeau de guerre en Amérique , tant qu'elle
en demeureroit fouveraine ; ainfi nous ne ferions
pas plus avancés à cet égard dans un fiècle , que
nous ne le fommes aujourd'hui , difons mieux ,
nous le ferions encore moins, attendu que le bois
de conftruction diminue chaque jour dans nos
contrées , & que le peu qui s'en confervera à la
fin fera loin de nous & difficile à fe procurer.

Si les colonies regorgeoient d'habitans , leurs
fouffrances en feroient infupportables dans les circonftances actuelles. Plus nous aurions des ports
de mer , plus nous aurions à défendre ; & plus

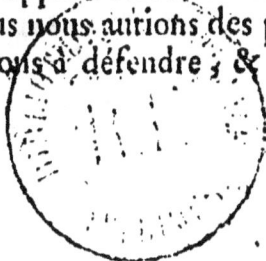

nous rifquerions de perdre. Notre population eft
fi heureufement proportionnée à nos befoins,
que perfonne n'eft dans le cas de refter oifif.
La diminution du commerce nous vaut une armée, & l'entretien de cette armée produit un
nouveau commerce.

Nous n'avons point de dettes, & quelques
emprunts que nous foyons obligés de faire, ils
éterniferont notre gloire & ferviront de monu-
ment à notre vertu. Si nous parvenons à tranf-
mettre à nos defcendans une forme ftable de
gouvernement, & une conftitution indépendante, à quelque prix que nous leur ayons acheté
ces biens, ils ne leur fembleront pas trop chers.
Mais c'eft agir fans raifon, c'eft trahir cruelle-
ment la poftérité, que de dépenfer des millions,
fimplement en vue d'obtenir l'abrogation de
quelques actes méprifables & de renverfer les
Miniftres actuels, parce que c'eft laiffer à nos
enfans la grande entreprife à terminer & le far-
deau d'une dette qui ne leur fera d'aucun profit.
Une femblable penfée eft indigne d'un homme
d'honneur ; elle eft le figne indubitable d'une
ame étroite & d'une politique minutieufe.

La dette que nous pouvons contracter ne
mérite pas que nous nous y arrêtions, pourvu
que l'ouvrage s'accompliffe. Il faut aux états une
dette nationale ; c'eft un engagement dont tous
leurs membres répondent ; & lorfqu'elle ne porte
pas d'intérêts, elle ne fauroit être onéreufe fous
aucun rapport. La Grande-Bretagne eft accablée
d'une dette de plus de cent cinquante millions

sterling, qui lui coûte plus de quatre millions
sterling d'intérêt. Pour la dédommager, elle a une
marine considérable. L'Amérique n'a ni dette,
ni marine, & toutefois, pour la vingtième partie
de la dette nationale de l'Angleterre, elle pourroit avoir une marine égale à la sienne. La marine
angloise ne vaut pas à l'heure qu'il est, plus de
trois millions & demi de livres sterling.

Les première & seconde éditions de ce pamphlet ne renferment point les calculs suivans ;
je les y insère aujourd'hui pour prouver la jus-
tesse de cette estimation. Voyez *l'Histoire navale*
d'Entick, page 56 de l'*introduction*.

D'après les comptes de Burchett, secré-
taire de la marine, il en coûte pour construire
un vaisseau de chaque dimention, le garnir de
mâts, de voiles, d'agrès, & le fournir pour huit
mois des provisions nécessaires au pilote & au
charpentier, savoir :

de 100 canons,	35,553 l. sterl.
de 90	29,886
de 80	23,638
de 70	17,785
de 60	14,197
de 50	10,606
de 40	7,855
de 30	5,846
de 20	3,710

Pour un vaisseau

Il n'est pas difficile, d'après cela, de supputer
ce que vaut, ou, pour mieux dire, ce que coûte

la marine angloife. En 1757, époque de fa gloire
la plus brillante, elle étoit compofée comme il
fuit :

Vaisseaux.	Canons.	Frais.
6	100	213,318 liv. sterl.
12	90	358,632
12	80	283,656
43	70	764,755
35	60	496,895
40	50	424,240
45	40	340,110
58	20	251,180
85 *Sloops.*		

Batteries flottantes, etc.
à 2000 l. sterl. chaque 170,000

Total . . 3,266,786

Reste pour des Canons . . 233,214

3,500,000 liv. sterl.

Il n'y a point de pays fur le globe auffi heureufement fitué pour avoir une flotte, auffi capable d'en former une par fes feuls moyens, que
l'Amérique. Le goudron, le bois de conftruction,
le fer, les cordages, font fes productions naturelles ; nous n'avons befoin de rien aller chercher
au dehors, tandis que les Hollandois, qui gagnent
immenfément à louer leur vaiffeau de guerre

aux Espagnols & aux Portugais, sont obligés
d'importer chez eux la plupart des matériaux
qu'ils emploient. Nous devons envisager la construction d'une flotte comme un article de commerce, puisque c'est la fabrique la plus conve-
venable à cette contrée. C'est aussi le meilleur
emploi que nous puissions faire de notre argent.
Un vaisseau, lorsqu'il est achevé, vaut plus qu'il
ne coûte; il assure ce point si délicat de la politique nationale, l'avantage de faire le commerce
& de le protéger tout ensemble. Construisons
toujours des vaisseaux; si nous n'en avons pas
besoin, nous les vendrons, & par ce moyen, nous
remplacerons notre papier - monnoie avec du
numéraire.

En général on se trompe grossièrement au
sujet des hommes qui doivent monter une flotte;
il n'est pas nécessaire qu'il y ait un quart de
matelots. Pendant la dernière guerre, *le Terrible*,
commandé par le capitaine Death, soutint un
combat plus violent qu'aucun autre navire, &
cependant il n'avoit pas vingt matelots à bord,
quoique son équipage fût composé de plus de
deux cents personnes; quelque matelots instruits
& sociables formeront, en peu de temps, un nombre suffisant de cultivateurs à la manœuvre or-
dinaire d'un vaisseau. De tout ce qui vient d'être
dit, il résulte que nous ne serons jamais plus
à portée de commencer à nous donner une marine, qu'au moment actuel, où notre bois de
construction existe dans son intégrité, où nos
pêcheries sont bloquées, où nos matelots & nos

charpentiers font fans emploi. On conftruifit ;
il y a quarante ans, des vaiffeaux de guerre de
foixante - dix & quatre - vingts canons , dans la
Nouvelle-Angleterre ; pourquoi n'en feroit-on
pas autant aujourd'hui ? L'art de conftruire les
vaiffeaux eft le triomphe de l'Amérique, & ,
avec le temps, elle furpaffera, en ce genre, le
monde entier. Les grands empires de l'Orient
font prefque tous dans l'intérieur des terres ; ils
font , par conféquent , hors d'état de la rivalifer ;
l'Afrique eft plongée dans la barbarie , & aucune puiffance européenne n'a une auffi grande
étendue de côtes, ou des matériaux auffi abon-
dans ; fi la nature en a favorifé quelques - unes
du premier de ces avantages, elle leur a refufé
l'autre ; elle ne les a prodigués tous les deux qu'à
la feule Amérique. Le vafte empire de Ruffie n'a
prefque point de mer, ce qui fait que fon goudron, fes immenfes forêts, fon fer & fes cordages
ne forment pour lui que des branches de commerce.

Si nous avons égard à notre fûreté, pouvons-
nous nous paffer de flotte ? Nous ne fommes
plus ce que nous étions il y a foixante ans.
Alors , nation peu nombreufe , nous aurions pu
laiffer nos effets dans les rues, ou plutôt dans
les champs, & dormir tranquillement fans avoir
de barreaux à nos fenêtres ou de verroux à nos
portes; les temps font changés , & nos moyens de
défenfe doivent fe perfectionner à proportion
de l'accroiffement de nos propriétés. Il y a un
an qu'un fimple pirate auroit pu remonter la

Delaware, & mettre Philadelphie à contribution
pour quelle fomme il auroit voulu, & la même
chofe auroit pu fe renouveller en d'autres en-
droits; je dis plus : un drôle entreprenant, fur
un brigantin de quatorze ou de feize canons,
auroit pu voler ainfi dans toute l'étendue du
continent, & emporter un million de numéraire.
Ce font-là des objets qui demandent notre attention, & qui nous prouvent la néceffité d'une
marine qui nous protège.

On m'objectera peut-être que l'Angleterre nous
protégera quand nous aurons fait notre paix avec
elle. Aurions-nous la fottife de croire qu'elle
entretiendra une marine dans nos ports à cette
intention ? Le fens-commun nous dira que la
puiffance qui a tâché de nous affujétir eft la
moins propre de toutes à nous défendre ; fous
prétexte d'amitié, elle effectueroit la conquête
de nos provinces, & après une longue & cou-
rageufe réfiftance, quelques careffes fimulées
nous réduiroient en efclavage. Or, fi nous ne
devons pas admettre fes vaiffeaux dans nos ports,
je demande comment elle nous protégera? Une
marine eft d'un bien foible ufage à la diftance
de deux ou trois mille lieues ; elle ne peut rendre
aucun fervice dans les occafions urgentes ; fi
donc nous fommes forcés à l'avenir de nous protéger nous-mêmes, pourquoi nous protégerions-
nous pour l'avantage d'autrui, pourquoi ne feroit
ce pas pour le nôtre ?

La lifte des vaiffeaux de guerre de la Grande-
Bretagne eft longue & formidable ; mais il n'y

en a pas la dixième partie qui foit en état de
fervir fur-le-champ, plufieurs même n'exiftent
plus que fur le papier ; cependant, pourvu qu'il
en refte une planche, leurs noms continuent de
paroître pompeufement fur la lifte ; ajoutons
que, fur le nombre de ceux qui font en état de
fervir, il n'y a pas un cinquième dont le
gouvernement puiffe difpofer comme il veut.
Les Indes orientales & occidentales. les poffef-
fions de la Méditérranée, l'Afrique & les autres
contrées fur lefquelles l'Angleterre étend fes
prétentions, demandent la plupart de fes vaiffeaux. Par un mélange de préjugés & d'inatten-
tion, nous avons pris des idées fauffes de la
marine angloife ; nous en avons parlé comme
fi nous avions dû craindre qu'elle nous attaquât
toute à-la-fois : cette erreur nous a fait fuppofer
que nous devions nous en procurer une auffi
confidérable, & comme la chofe ne pouvoit
s'exécuter à l'inftant, des Torys déguifés qui fe
cachent parmi nous, fe font fervis de ce motif
pour nous détourner de l'entreprendre. Rien n'eft
plus faux qu'une pareille fuppofition ; car fi
l'Amérique avoit feulement un vingtième des
forces navales de l'Angleterre, elle maîtriferoit
de beaucoup fes opérations, puifque n'ayant ni
prétentions ni domaines éloignés, notre marine
toute entière feroit employée fur nos côtes, où
il y a deux contre un à parier que nous aurions
l'avantage fur ceux qui auroient deux ou trois
mille lieues à parcourir, foit avant de nous atta-
quer, foit pour réparer leur monde & leurs vaiffeaux

feaux ; et bien que l'Angleterre , au moyen de
fa flotte , nuifit à notre commerce en Europe ;
nous gênerions également. le fien dans fes îles
d'Amérique , qui , voifines du continent , font
abfolument à notre merci.

On pourroit imaginer quelque méthode d'en-
tretenir une force navale en temps de paix , fi
nous ne jugions pas qu'il fût néceffaire d'avoir
conftamment une marine fur pied ; fi l'on accor-
doit des primes aux négocians , pour les en-
courager à conftruire des vaiffeaux de vingt ,
trente , quarante et cinquante canons qu'ils em-
ploieroient à leur fervice ; cinquante ou foixante
de ces bâtimens , avec quelques vaiffeaux de
conferve , toujours en activité , formeroient une
marine fuffifante , fans nous expofer à l'inconvénient dont on fe plaint fi fort en Angleterre ,
de laiffer durant la paix , notre flotte pourrir
dans les chantiers. Il eft d'une faine politique
d'unir les moyens du commerce à ceux de la
défenfe , car lorfque notre force & nos richeffes
fe foutiennent mutuellement , nous n'avons rien
à craindre des ennemis du dehors.

Nous avons en abondance prefque tout ce
qu'il faut pour fe défendre ; le chanvre profpère
chez nous jufqu'au point de nous être à charge ,
ainfi nous ne craignons pas de manquer de
cordage ; notre fer eft fupérieur à celui des
autres contrées ; les armes que nous fabriquons ,
égales à toutes celles qu'on fabrique ailleurs ;
nous avons de quoi fondre des canons à notre
gré ; nous faifons fans ceffe du falpêtre & de la

E

poudre ; nos, connoissances s'étendent journelle-
ment ; la fermeté est le trait distinctif de notre
caractère , & le courage ne nous a jamais abandonnés Qu'est-ce donc qui nous manque ? pourquoi hésitons-nous ? nous ne devons attendre
de l'Angleterre que notre ruine. Si jamais elle
est réintégrée dans le gouvernement de l'Amérique , ce continent ne méritera pas que l'on
daigne y vivre ; il s'y élevera des jalousies continuelles , les insurrections se renouvelleront
chaque jour , & qui prendra sur soi de les ap-
paiser ? qui voudra risquer sa vie pour faire plier
ses concitoyens sous une autorité étrangère? Les
différens de la Pensilvanie & du Connecticut,
relativement à quelques terreins non affermés,
montrent l'insignifiance du gouvernement, tant
qu'il sera entre les mains de la Grande-Bretagne ,
& prouvent sans réplique qu'une administration
fixée sur le continent, peut seule régler les
affaires du continent.

Il se présente encore une raison à l'appui de
ce que j'ai déjà avancé, que le tems actuel est
le meilleur que nous puissions choisir pour nous
déclarer indépendans ; c'est que moins nous
sommes , plus il reste de terres vacantes, dont
nous pouvons nous servir, non-seulement au
paiement de la dette que nous aurons contractée,
mais encore pour les dépenses du gouvernement,
au-lieu de laisser au roi la faculté d'en gratifier
ses méprisables serviteurs ; aucune des nations
que le soleil éclaire ne jouit d'un tel avantage.

La foiblesse des Colonies, bien loin d'être
contraire à la cause de l'indépendance, plaide

en sa faveur; nous sommes assez nombreux, &
si nous l'étions davantage, il pourroit se faire
que nous fussions moins unis. C'est une chose
digne de remarque, que plus un pays est peuplé,
moins ses armées sont considérables; elles l'étoient
beaucoup plus dans l'antiquité qu'elles ne le sont
chez les modernes, & la raison en est frappante :
le commerce étant la suite de la population,
les hommes s'y livrent avec trop d'ardeur pour
s'occuper d'autre chose; le commerce diminue
le patriotisme & la bravoure, & l'histoire nous
apprend assez que les plus vaillans exploits ont
toujours illustré l'enfance des nations. En étendant son commerce, l'Angleterre a perdu son
énergie. La ville de Londres, malgré son immense population, se soumet, avec la patience
des lâches, à des insultes continuelles. Plus les
hommes ont à perdre, moins ils sent risquer;
les riches, en général, sont esclaves de la crainte,
& ils cèdent à la puissance des cours avec la
duplicité timide d'un espagnol.

La jeunesse des nations comme celle des
individus, est la saison propre à semer les bonnes
habitudes. Il seroit difficile, sinon tout-à-fait
impossible, dans un demi-siècle, de donner un
gouvernement à l'Amérique. La confusion naîtroit
de la diversité infinie d'intérêts occasionnée par
l'accroissement du commerce & de la population.
Les colonies seroient ennemies les unes des
autres; chacune d'elles assez forte par elle-
même, dédaigneroit l'assistance de ses rivales;
& tandis que les orgueilleux & les sots triom-

pheroient de leurs diftinctions, les fages gé-
miroient de ce que l'union n'auroit pas été
formée plutôt. Le moment actuel eft donc le
vrai moment de l'établir. L'intimité que l'on
contracte dans l'enfance, l'amitié qui eft le fruit
du malheur, font les plus durables, les moins
fujettes aux viciffitudes. Notre union préfente
eft marquée à ces heureux caractères. Nous
fommes jeunes, & nous avons été opprimés ;
mais notre concorde a empêché nos troubles,
& préfente à la poftérité une époque mémorable
& glorieufe.

Le moment actuel nous offre ici cette occafion que le ciel n'accorde qu'une fois à chaque
peuple, celle de fe donner un gouvernement national. Beaucoup l'ont laiffée échapper
& fe font mis par-là dans la néceffité de recevoir
les loix de leurs conquérans, au-lieu d'en faire
par eux-mêmes. Ils commencèrent par avoir un
roi ; ils eurent enfuite une forme de gouvernement, tandis qu'il faut d'abord rédiger la chartre
conftitutionnelle, & après cela charger des hommes
de veiller à fon exécution. Mais que les erreurs
des autres nous rendent fages & nous enfeignent
à profiter de l'occafion qui fe préfente à nous
de commencer notre gouvernement par où il
faut le commencer.

Quand Guillaume le conquérant fubjugua l'Angleterre, il lui donna des loix à la pointe de
l'épée ; & jufqu'à ce que nous ayons confenti à
voir le gouvernement fixé en Amérique, occupé d'une manière légale & fondé fur une au-

torité déléguée par nous-mêmes, nous ferons en danger de le voir envahi par quelque brigand fortuné, qui nous traitera comme Guillaume traita les Anglois ; & alors que deviendra notre liberté ? où fera notre propriété ?

Pour ce qui regarde la religion, je crois que le devoir indifpenfable de tout gouvernement eſt de protéger tous ceux qui la profeſſent ſuivant leur conſcience, & je ne vois pas qu'il ait autre choſe à faire à cet égard. Dépouillons-nous de cette petiteſſe d'eſprit, de cet égoïſme de principes, que la lie de toutes les ſectes a tant de peine à abjurer, & nos craintes en ce genre ſeront bientôt diſſipées. Le ſoupçon eſt le partage des ames baſſes & le poiſon de toute bonne ſociété. Quant à moi, je ſuis pleinement & ſincèrement perſuadé que la volonté du Tout-Puiſſant eſt qu'il y ait parmi nous une diverſité d'opinions religieuſes. Elle ouvre un champ plus vaſte à notre bienveillance, en tant que nous ſommes chrétiens. Si nous penſions tous de même, notre piété demeureroit ſans épreuves. Dans ces généreux principes, j'enviſage nos ſectes diverſes, diſtinguées par telle ou telle dénomination, comme les enfans d'une même famille, entre leſquels il n'y a d'autre différence que le nom de baptême.

J'ai donné plus haut des notions ſur la convenance d'une chartre continentale (car ma hardieſſe ſe borne à offrir de ſimples apperçus & non des plans arrêtés) ; je prends ici la liberté de revenir ſur ce ſujet, en obſervant qu'une

E 3

chartre eſt un contrat ſolemnel, auquel tous
prennent part, afin de ſoutenir les droits
de chacun en ce qui concerne la religion, la
liberté perſonnelle &. la propriété. Les marchés
ſolides & les bons comptes font les amis durables.

J'ai parlé auſſi de la néceſſité d'une repréſentation égale & nombreuſe; & de tous les
objets politiques, il n'y en a point qui ſoit plus
digne de notre attention. Un petit nombre d'électeurs, un petit nombre de repréſentans, ſont
des choſes également dangereuſes; le danger
s'accroît, ſi la repréſentation eſt non-ſeulement
reſtreinte, mais encore inégale. En voici un
exemple : lorſque la pétition des ſociétaires fut
miſe ſous les yeux de l'aſſemblée de Penſylvanie,
il n'y avoit de préſens que vingt-huit membres.
Tous ceux du comté de Bucks, au nombre de
huit, votèrent contre elle, &, ſi ſept des députés de Cheſter avoient ſuivi leur exemple,
toute cette province auroit été gouvernée par
deux comtés; or, elle eſt toujours expoſée à ce
péril. La démarche inexcuſable & téméraire que
fit cette aſſemblée dans ſa première ſeſſion
pour acquérir une autorité illégitime ſur les
délégués de cette province, doit avertir la maſſe
du peuple de prendre garde à la manière dont
il remet ſon autorité en d'autres mains. On
raſſembla, pour les députés, un corps d'inſ-
tructions qui, par ſa déraiſon, eût couvert de
honte un écolier; &, après qu'un fort petit
nombre de citoyens l'eût approuvé, il fut porté
à l'aſſemblée, & paſſa comme *étant le vœu de*

toute la Colonie, tandis que, si toute la Colonie savoit combien de mauvaise volonté l'Assemblée a mis dans quelques opérations nécessaires, elle ne balanceroit pas un moment à en regarder tous les membres comme indignes de sa
confiance.

La nécessité du moment fait adopter beaucoup
de mesures qui dégénéreroient en oppression,
si l'on continuoit d'en faire usage quand ce
moment est passé. La convenance & la justice
sont deux choses très-différentes. Lorsque les
calamités de l'Amérique exigeoient une consul-
tation, l'on ne trouva point de méthode plus
prompte ou plus avantageuse que de choisir dans
cette vue quelques membres de diverses assem-
blées provinciales, & la sagesse de leurs opinions a sauvé ce continent de sa ruine : mais
comme il est plus que probable que nous aurons
toujours un CONGRÈS, tous ceux qui aiment
le bon ordre seront obligés d'avouer que le
mode d'élection de ses membres mérite
la plus sérieuse consi-dération. Et je demande à
ceux qui font leur étude du genre - humain,
si ce n'est pas cumuler sur les mêmes têtes
de trop grands pouvoirs, que de ne pas
séparer le titre d'électeurs de celui de représentans. Occupés d'un plan qui doit servir à
la postérité, souvenons-nous que la vertu n'est
pas héréditaire.

Souvent c'est de nos ennemis que nous ap-
prenons d'excellentes maximes, & souvent leurs
erreurs nous rendent raisonnables sans que

nous y penfions. Cornwal, un des lords de la
tréforerie, traita la pétition de l'affemblée de
New-York avec mépris, parce que, dit-il,
cette affemblée n'étoit compofée que de vingt-fix
membres, d'où il concluoit qu'un nombre auffi
peu confidérable ne pouvoit agir au nom de la
totalité des citoyens. Grâces lui foient rendues
pour fon honnêteté involontaire (1).

Pour finir, quelqu'étrange que ceci puiffe
fembler à quelques-uns, quelque peu difpofés
qu'ils foient à penfer de cette manière, ce n'eft
pas là ce qui doit arrêter, mais on peut alléguer une foule de raifons victorieufes & frap-
pantes, pour prouver que rien n'eft plus propre
à arranger promptement nos affaires, que de
nous déclarer indépendans fans crainte & fans
détour. Voici quelques-unes de ces raifons :

Premièrement, lorfque deux nations font en
guerre, il eft d'ufage que d'autres puiffances
étrangères à leur querelle, s'interpofent afin de
les mettre d'accord, & travaillent pour elles aux
préliminaires de la paix. Or, tant que les Américains fe diront fujets de la Grande Bretagne,
aucune puiffance, quelque bien difpofée qu'elle
foit en notre faveur, ne nous offrira fa média-
tion. Dans notre pofition actuelle, nous fommes
donc expofés à des querelles interminables.

Secondement, il eft déraifonnable de fuppo-

_____

(1) Ceux qui font curieux de favoir combien une
réprésentation égale et nombreufe importe aux Etats,
n'ont qu'à lire les *recherches politiques* de Burgh.

ser que la France ou l'Espagne nous donnent
le moindre secours , si nous ne prétendons.
en faire usage que pour réparer la scission momentanée & fortifier l'union de l'Angleterre
& de l'Amérique , attendu que les suites de
cette opération seroient dommageables à ces
puissances.

Troisièmement , tant que nous nous disons
sujets de la Grande-Bretagne , nous passons nécessairement pour des rebelles aux yeux des
autres nations. Leur tranquillité est compromise
par ce spectacle de sujets en armes contre leur
souverain reconnu par eux-mêmes. Il est vrai
que , sur les lieux , nous pouvons résoudre ce
problème ; mais l'accord de la résistance & de
l'état de sujets , est une idée beaucoup trop
rafinée pour les esprits ordinaires.

Quatrièmement , si l'Amérique publioit &
faisoit passer aux différentes cours un manifeste
dans lequel seroient exposés les maux que nous
avons soufferts , & les efforts paisibles que nous
avons tentés sans fruit pour obtenir du soula-
gement ; où nous déclarerions en même-tems
que , ne pouvant plus vivre sous la tyrannie de
la cour d'Angleterre , nous avons été réduits à
la nécessité de rompre toute liaison avec elle ;
enfin où nous assurerions à toutes ces puissances
nos dispositions paisibles à leur égard , & le
desir que nous avons de commercer avec leurs
sujets ; un pareil mémoire produiroit plus de
bons effets pour ce continent qu'un vaisseau
chargé de pétitions pour la Grande-Bretagne.

Sous notre dénomination présente de sujets de l'Angleterre, nous ne pouvons ni être accueillis, ni même avoir audience en Europe. L'usage de toutes les cours est contre nous, & demeurera tel jusqu'à ce que nous ayons pris rang avec les autres nations, en nous déclarant indépendans.

Ces démarches peuvent, à la première vue, sembler étranges & difficiles ; mais, comme toutes celles que nous avons déjà faites, elles nous deviendront familières & agréables ; &, jusqu'à ce que notre indépendance soit déclarée, l'Amérique sera dans la position d'un homme qui remet de jour en jour une affaire déplaisante, est néanmoins persuadé qu'elle doit avoir lieu, craint de s'en occuper, le desire, & ne cesse d'être assailli par l'idée de son indispensabilité.

Depuis la première édition de cet ouvrage, ou plutôt le jour qu'elle a paru, l'on a publié certain écrit, qui n'auroit pu être mis au jour dans une circonstance plus favorable, si l'esprit de prophétie eût présidé à sa composition ; les principes sanguinaires qui l'ont dicté prouvent combien il est nécessaire de suivre la doctrine que j'ai mise en avant. Les deux partis se lisent par manière de représailles, & le libelle en question, au-lieu de nous inspirer de l'épouvante, n'a fait que préparer la voie aux mâles résolutions de l'indépendance.

Les égards, & même le silence, quel que soit leur motif, entraînent des suites fâcheuses, lors-

qu'ils donnent la moindre autorité à des écrits
méprisables & criminels ; si l'on convient de
cette maxime, il s'ensuit que la production dont
il s'agit méritoit & mérite encore l'exécration
du Congrès & de l'Amérique entière : cependant
comme la tranquillité domestique d'une nation
dépend beaucoup de la pureté de ses mœurs
générales, il vaut souvent mieux passer dédai-
gneusement certaines choses sous silence, que
d'employer des méthodes nouvelles de désappro-
bation, capables d'altérer le moins du monde
cette gardienne de notre repos & de notre sûreté.
Peut-être si l'ouvrage dont je parle n'a pas subi
un châtiment public, en est-il redevable à cette
prudence délicate ? Ce n'est qu'un libelle audacieux
contre la vérité, le bien public & l'existence
du genre-humain, une méthode pompeuse
d'offrir des hommes en sacrifice à l'orgueil des
tyrans ; mais ce carnage général est un des privilèges de la royauté, une de ses conséquences
nécessaires : car la nature ne connoissant pas les
rois, ils ne la connoissent pas non plus, &
quoique créés par nous-mêmes, ils ne nous connoissent pas, & sont devenus les Dieux de ceux
qui les ont faits ce qu'ils sont. Cet écrit a cependant
dant un mérite, c'est qu'il n'est pas d'un genre
à faire illusion ; nous aurions beau vouloir en
être dupes, la chose seroit impossible, la bru-
talité & la tyrannie s'y montrent à découvert.
Il ne nous laisse point dans l'embarras, & chaque
ligne est propre à nous convaincre, dès sa première lecture, que celui qui n'a d'autre subsis-

tance que les animaux qu'il tue dans les bois,
que l'Indien nu & fans défenfe eft moins fauvage
qu'un tyran.

Sir John Dalrymple, père putatif d'un ouvrage plaifant & jéfuitique, fallacieufement intitulé : *Adreffe du peuple Anglois aux habitans de
l'Amérique*, fuppofant fans motif que les Américains étoient hommes à fe laiffer effrayer par
la defcription magnifique d'un roi, a peut-être,
affez imprudemment, j'en conviens, tracé le vrai
caractère de celui qui occupe le trône de la Grande-
Bretagne. « Mais, dit-il, fi vous vous fentez du
penchant à louer une adminiftration, de laquelle
nous ne nous plaignons pas (le miniftère du
marquis de Rockingham, lors de l'abrogation
de l'acte du timbre), c'eft fort mal fait à vous
de refufer vos louanges au monarque, dont le
confentement feul, exprimé par un figne de tète,
autorifoit la moindre de fes opérations. Voilà
du torifme, s'il en fut jamais, de l'idolâtrie fans
voile ! quiconque a la force de digérer de fang
froid une pareille doctrine, a perdu tous fes
droits au titre de créature raifonnable ; il a apof-
tafié l'humanité ; il faut le regarder comme un
individu, qui non-feulement a abjuré la dignité
de fon être, mais qui eft tombé au deffous de
la claffe des brutes, & qui fe traîne honteufement
fur la terre comme un reptile.

L'intérêt actuel de l'Amérique eft de pour-
voir elle-même à fes propres affaires ; elle a déjà
une famille jeune & nombreufe, & fon devoir
eft plutôt d'en prendre foin que de prodiguer

les reffources pour le foutien d'une autorité que
la nature & le chriftianifme réprouvent également.
Vous, dont la fonction eft de veiller fur
la morale des peuples, quelle que foit votre
croyance, & quelque nom que vous portiez, &
vous qui êtes plus immédiatement les gardiens de
la liberté publique, fi vous defirez maintenir votre
pays natal à l'abri de la corruption de l'Europe,
vous devez former en fecret des vœux pour fon
indépendance ; mais je laiffe aux réflexions particulières ce qui eft du reffort de la morale , & je
borne mes nouvelles obfervations aux textes
fuivans.

1º Il importe à l'Amérique d'être féparée de
la Grande-Bretagne.

2º Quel eft, du plan de la réconciliation &
de celui de l'indépendance , le plus facile & le
plus praticable?

Je pourrois , à l'appui de la première propofition , fi je le croyois à propos, alléguer l'opinion
de quelques-uns des hommes les plus habiles &
les plus expérimentés de ce continent , qui n'ont
pas encore rendu leurs fentimens publics à cet
égard; dans le fait , fon évidence faute aux yeux,
car jamais nation , dépendante d'une puiffance
étrangère, limitée dans fon commerce, enchaînée
dans fon autorité légiflative , ne peut atteindre
une certaine fupériorité. L'Amérique ne fait pas
encore ce que c'eft que l'opulence , & bien que
l'hiftoire n'offre rien qui puiffe être mis en pa-
rallèle avec fes progrès, ce ne font que les progrès de l'enfance , fi on les compare avec ce

qu'elle feroit en état de faire, fi elle avoit entre
les mains, comme cela devroit être, la puiffance
légiflative. En ce moment, la Grande-Bretagne
ambitionne ce qui ne lui feroit d'aucun avantage, fi elle en venoit à bout, & l'Amérique
balance fur un parti qu'elle ne fauroit négliger
à moins de vouloir fe perdre fans retour. C'eft
le commerce avec l'Amérique, & non fa conquête, qui fera utile à l'Angleterre, & ce commerce continueroit d'avoir lieu jufqu'à un certain
point, quand bien même les deux états ne dé-
pendroient pas plus l'un de l'autre que la France
ne dépend de l'Efpagne, attendu que, pour
beaucoup d'articles, l'une & l'autre n'ont point de
meilleur débouché que leurs ports refpectifs;
mais il s'agit fur-tout & uniquement de l'indépendance de l'Amérique, à l'égard de l'Angleterre,
comme de tout autre pays; & ainfi que toutes
les vérités dont la découverte eft le fruit de la
néceffité, la fageffe de cette mefure acquerra
tous les jours plus de force & d'évidence.

Premiérement, parce que tôt ou tard l'Amérique fera forcée d'en venir là.

Secondement, parce que plus nous différerons,
plus le fuccès entraînera de difficultés.

Je me fuis fouvent amufé, entre amis, ou dans
le monde, à noter en filence les erreurs fpécieufes
des gens qui parlent fans réflexion; de toutes
celles que j'ai entendu foutenir, la plus générale
paroît être que fi la rupture de l'Angleterre &
des Colonies étoit arrivée quarante ou cinquante
ans plus tard, au-lieu d'arriver maintenant,

celles-ci auroient été plus en état de s'affranchir de leur dépendance. A cela je reponds que les talens militaires dont nous pouvons nous glorifier à l'époque où nous sommes, viennent de l'expérience que nous avons acquife dans la dernière guerre, & que dans quarante ou cinquante ans, il n'en subfifteroit plus de traces ; l'Amérique n'auroit pas un général, pas même un feul officier, & nous & nos enfans ferions auffi ignorans dans la fcience militaire que l'étoient les anciens Indiens. Cette unique affertion, bien difcutée, prouvera d'une manière inconteftable, que le moment actuel eft préférable à tout autre. Voici comment il faut raifonner : à la fin de la dernière guerre nous avions de l'expérience, mais peu de monde, & dans quarante ou cinquante ans nous aurons des hommes & point d'expérience ; ainfi le point à faifir doit être placé entre ces deux extrèmes; il faut une époque ou un dégré fuffifant d'expérience fe trouve joint à un accroiffement convenable de population, & cette époque eft précifément l'époque actuelle.

Le lecteur pardonnera cette digreffion, qui eft un peu étrangère à ma première thèfe ; j'y reviens en difant que fi nous faifons, tant bien que mal, un arrangement avec l'Angleterre; fi elle demeure en poffeffion de la fouveraineté de l'Amérique (ce qui, dans les circonftances préfentes, implique une renonciation abfolue à tous nos droits) nous nous priverons nous-mêmes des moyens d'amortir la dette que nous avons contractée, ou que nous fommes fur le point de contracter. Les tetres de l'intérieur, dont nos provinces sont clandestinement dépouillées, par l'injuste extension des limites du Canada, à ne les évaluer que sur le pied de cent livres sterling par centaine d'actes, montent à plus de vingt-cinq millions de la monnoie de Pensylvanie; & les réserves, sur le pied d'un sou sterling par acre, à deux millions de revenu.

C'est la vente de ces terres qui subviendra, sans léser qui que ce soit, à l'extinction de la dette, tandis que les réserves diminueront toujours, & finiront par couvrir à elles seules les dépenses annuelles du gouvernement. Peu importe combien de tems durera le paiement de la dette, pourvu que l'argent provenu de la vente des terres, soit appliqué à son amortissement; chaque Congrès aura successivement la direction de cette partie.

Je viens maintenant au second chef, savoir, quel est du plan d'une réconciliation, ou de celui de l'indépendance le plus facile & le plus praticable?

Celui qui prend la nature pour guide n'est pas embarrassé de trouver des raisonnemens péremptoires; sur ce principe, je réponds en général que l'indépendance ayant l'avantage de la simplicité, & ses moyens existant en nous-mêmes; tandis que la réconciliation est une chose extrêmement compliquée, sujette à l'entremise d'une cour perfide & capricieuse, la décision ne peut laisser aucun doute.

L'état présent de l'Amérique est vraiment fait

pour

pour alarmer tout homme capable de réfléchir.
Sans loix, sans gouvernement, sans autorité
d'aucune autre espèce que celle qui est fondée
sur les égards, & que les égards ont accordée,
maintenue dans son unité par un concours de
sentimens qui n'a point d'exemple, qui néanmoins est sujet au changement, & que tous ses
ennemis secrets s'efforcent de détruire; nous pouvons définir notre position, une législation dépour-
vue de loix, une sagesse qui n'est la suite d'aucun plan, une constitution qui n'a point de
terme pour en exprimer la nature; &, chose bien
surprenante, l'indépendance la plus illimitée qui
cherche à reprendre des fers déjà rompus. Il n'y
a rien de tel dans l'histoire. Jamais peuple ne s'est
trouvé en de pareilles circonstances, & quel
homme assez hardi pour deviner à quoi elles
aboutiront ? Dans le système, que nous avons
embrassé, la propriété de qui que ce soit n'est
en sûreté; les esprits de la multitude flottent
au hasard, & ne voyant point d'objet fixe devant
eux, ils poursuivent les fantômes de l'imagination ou de la partialité. Rien ne passe pour cri-
minel; les loix sur la trahison ne sont point
en vigueur; de-là chacun se croit maître de faire
ce qu'il lui plaît. Les Torys n'eussent pas osé
s'assembler pour nous nuire, s'ils avoient été
prévenus que les loix de l'Etat prononçoient la
peine de mort contre de pareils rassemblemens.
Il faudroit tracer une ligne de démarcation entre
les soldats Anglois faits prisonniers en combat-
tant, & les Américains armés contre nous. Les

premiers font de fimples prifonniers, les autres
font des traîtres. Les uns n'ont perdu que leur
liberté ; la tête des autres eft dévolue aux
bourreaux.

En dépit de notre prudence, quelques-unes
de nos mefures font infiniment entachées d'une
foibleffe qui encourage les diffentions. L'alliance
des Colonies eft trop peu folide ; fi nous ne
faifons pas quelque tentative pendant qu'il en
eft encore tems, avant peu il fera trop tard
pour en faire d'aucune efpèce, & nous tomberons
dans un état, où les projets de réconciliation &
d'indépendance feront également impraticables.
L'adminiftration & fes vils adhérens font retournés
à leurs anciens artifices, qui confiftoient à di-
vifer les Colonies, & nous ne manquons pas
d'imprimeurs empreffés de répandre des fauf-
fetés fpécieufes. La lettre hypocrite & pleine
d'art, qui parut, il y a quelques mois, dans
deux papiers de New-York, & que d'autres
copièrent, prouvent démonftrativement qu'il y
a des hommes dépourvus foit de jugement, foit
de probité.

Il eft aifé de parler de réconciliation dans
les écrits & dans les journaux ; mais les apo-
logiftes de cette mefure confidèrent-ils férieufe-
ment les difficultés qu'elle entraîne, & les dangers dont elle nous menace, fi les opinions des
Colonies font partagées ? Leur coup-d'œil embraffe t-il les différentes claffes d'hommes dont
elle compromet les intérêts & la fituation auffi
bien que la leur ? fe mettent-ils à la place de

l'infortuné qui a déjà tout perdu, & du soldat qui a tout quitté pour défendre sa patrie ? si leur modération mal entendue n'est accommodée qu'à leur position particulière, sans égard pour celle d'autrui, l'évènement les convaincra qu'ils auront compté sans leur hôte.

Mettez-nous, disent ils, sur le pied où nous étions en 1763. Je réponds qu'il n'est pas au pouvoir de la Grande-Bretagne de condescendre à ce vœu, & qu'elle n'en fera pas la proposition; mais dans le cas contraire, & supposé qu'elle accordât cette demande, que l'on me dise par quels moyens on rendra cette cour mensongère & corrompue fidèle à ses engagemens ? Un autre Parlement; que dis-je ? le Parlement actuel peut les annuller sous prétexte qu'ils ont été arrachés par force ou que l'on a eu tort de les contracter; & si cela arrive, quel sera notre recours ? Il ne s'agit pas de plaider entre nations; les canons sont les légistes des couronnes, & le glaive, non celui de la justice, mais celui de la guerre, décide leurs querelles. Pour nous retrouver comme nous étions en 1763, il ne suffit pas que les loix soient remises au même état, il faut qu'on y remette aussi nos propriétés, que nos villes incendiées ou détruites soient réparées ou rétablies, que nous soyons indemnisés de nos pertes individuelles, que nos dettes publiques, contractées pour la défense générale, soient acquittées; autrement nous serons dans un état un million de fois pire que nous n'étions à cette époque digne d'envie. Si l'on eût accordé cette

demande il y a un an, la Grande-Bretagne se
seroit concilié l'affection de tous les Américains;
mais à présent, il est trop tard, nous avons
passé le Rubicon.

De plus, il paroît aussi contradictoire avec
les loix divines, & les sentimens de l'humanité,
de prendre les armes dans la seule vue de né-
cessiter l'abrogation d'un acte fiscal, qu'il l'est
de prendre les armes pour exiger que l'on s'y
soumette : des deux côtés, l'objet ne justifie pas
les moyens; la vie des hommes est d'un trop
grand prix pour qu'on la prostitue à de semblables bagatelles. Ce qui, aux yeux de la conscience,
autorise l'usage de nos forces, c'est la violence
que nous avons soufferte, & dont on nous a
menacés, la destruction de nos propriétés par
des soldats, l'invasion de notre patrie exécutée
avec le fer & le feu; & le moment où nous
avons été contraints d'employer ce mode de défense, a dû nous affranchir de toute sujétion
à l'égard de la Grande-Bretagne. L'indépendance
de l'Amérique a dû dater son origine & sa
proclamation, du premier coup de fusil tiré contre
ses habitans. Cette ligne de séparation est tracée
par l'équité; ce n'est point le caprice ou l'am-
bition qu'il faut en accuser; elle est le fruit
d'une chaîne d'évènemens, qui ne sont point
arrivés par la faute des Colonies.

Je terminerai ces observations, par quelques
apperçus bien intentionnés & analogues aux circonstances. Nous devons réfléchir qu'il y a trois
manières différentes de nous rendre indépendans,

& que, tôt ou tard, l'une d'elles décidera le sort de l'Amérique : le vœu légal du peuple énoncé par le Congrès, le droit des armes, une insurrection de la multitude. Or, il peut arriver que nos soldats ne soient pas toujours citoyens, & que la multitude ne soit pas composée d'hommes raisonnables. La vertu, ainsi que je l'ai remarqué plus haut, n'est point héréditaire ; elle n'est pas même constante chez les mêmes individus. Si nous devenons indépendans par le premier de ces moyens, nous avons toutes les facilités, tous les encouragemens possibles de former la constitution la plus pure & la plus noble qui ait existé sur la terre. Il ne tient qu'à nous de revenir aux premiers âges du monde. On n'a pas vu, depuis Noë, de Peuple dans une pareille situation. La naissance d'un nouvel univers est proche, & ce qui se passera sous peu de mois règlera la portion de liberté que doit attendre une race d'hommes, peut-être aussi nombreuse que toute la population de l'Europe. Quelle imposante réflexion ! & sous ce point de vue, combien les petites ruses de quelques particuliers intéressés ou foibles, paroissent insignifiantes & ridicules, lorsqu'on les met en balance avec le destin d'une partie du globe !

Si nous avons l'imprudence de négliger cette occasion favorable & séduisante, & que par la suite, d'autres moyens effectuent notre indépendance, nous répondrons des suites, ou plutôt ils en répondront à jamais, ceux dont l'ame étroite & obscurcie par les préjugés, a pris

l'habitude de combattre ce parti, sans examen
& sans réflexion. Certaines raisons militent en
sa faveur, que bien des gens approuvent inté-
rieurement ; & dont ils n'osent parler en public.
Il ne s'agit pas maintenant de discuter si nous
serons indépendans ou non ; il s'agit de fonder
notre indépendance sur une base solide & glo-
rieuse, & de regretter de ne l'avoir pas fait
plutôt. Chaque jour nous démontre la nécessité
de cette résolution. Les Torys eux-mêmes, s'il se
trouve encore parmi-nous de ces êtres méprisables,
devroient être les plus ardens à nous y exciter.
Car, de même que la création des comités les
sauva d'abord de la rage populaire, ainsi une
forme de gouvernement sage & bien établie
sera l'unique garant de leur sûreté à venir : par
conséquent, s'ils n'ont pas assez de vertu pour
être Whigs, ils doivent avoir assez de prudence
pour desirer que nous nous déclarions indépendans.

En un mot, l'indépendance est le seul lien
qui soit capable de maintenir l'union des Colonies. Nous verrons distinctement notre but, &
nos oreilles seront légalement fermées aux projets d'un ennemi aussi intrigant que barbare. Nous
serons en même-tems sur un pied convenable
pour traiter avec la Grande-Bretage ; car il y a
lieu de croire que l'orgueil de cette cour sera
moins choquée de traiter de la paix avec les Etats
de l'Amérique, que de traiter d'un accommo-
dement avec des hommes qu'elle qualifie de sujets
révoltés. Ce sont nos délais qui l'encouragent

à se flatter de nous conquérir , & notre timidité ne sert qu'à prolonger la guerre. Ainsi que nous avons , sans en recueillir beaucoup de fruit, interrompu notre commerce en vûe d'obtenir le redressement de nos griefs , essayons maintenant de les redresser nous-mêmes par notre indépendance , & offrons alors de rendre au commerce sa première activité. Tous les négocians, tous les Anglois raisonnables seront encore pour nous, attendu que la paix avec le commerce est préférable à la guerre sans commerce ; & si leurs offres ne sont pas acceptées , nous pourrons nous adresser à d'autres cours.

Ces principes posés , j'abandonne cette discussion, & comme on n'a pas encore entrepris de réfuter la doctrine contenue dans les premières éditions de ce pamphlet, c'est une preuve négative ou qu'elle n'est pas de nature à être réfutée , ou que le parti qui la favorise est trop nombreux pour qu'on ose lui tenir tête. Ainsi , au-lieu de nous regarder les uns les autres avec une curiosité inquiète ou soupçonneuse , que chacun de nous serre amicalement la main de son voisin & concoure à tracer une ligne en deçà de laquelle il ne subsiste plus aucun vestige des anciennes dissentions. Que les noms de Whig & de Tory soient effacés pour jamais ; qu'il n'y ait plus parmi nous d'autres dénominations que celles de bons citoyens, d'amis francs & déterminés , de vertueux défenseurs des DROITS DE L'HOMME & des ETATS LIBRES ET INDÉPENDANS DE L'AMÉRIQUE.

F 4

Aux Représentans de la société religieuse des Quakers, ou plutôt à toutes les personnes de cette croyance qui ont eu part à la publication de l'Écrit intitulé : Nouvelle exposition des principes des Quakers relativement au roi & au gouvernement, & touchant les troubles actuels de l'Amérique , adressée à la généralité du peuple.

L'auteur de ce qu'on va lire est du petit nombre de ceux qui ne déshonorent jamais la religion en jetant du ridicule ou en chicanant sur les dénominations quelconques. Dans ce qui regarde la croyance, nous ne devons des comptes qu'à Dieu seul ; nous n'en devons point aux hommes. Cette lettre ne vous est donc point adressée comme à une société religieuse, mais comme à un corps politique qui s'ingère dans une discussion à laquelle vous demeureriez étrangers, si vous étiez fidèles aux principes de quiétude dont vous faites profession.

Comme vous vous êtes mis , sans y être aucunement autorisés, à la place de toute la société des Quakers, pour être avec vous sur un pied d'égalité, je me vois contraint de me mettre à la place de tous ceux qui approuvent les écrits & les principes contre lesquels vous vous élevez. Je choisis même exprès cette situation singulière, pour que vous soyez plus frappés d'un excès de témérité sur lequel vous vous faites illusion par rapport à vous-mêmes. Car ni vous, ni moi, n'avons de titre au personnage de représentans politiques.

Quand les hommes ont quitté le bon chemin, il n'est pas surprenant qu'ils continuent de s'égarer. Or, d'après la manière dont vous avez rédigé votre adresse, il est évident que, réunis pour vous livrer aux matières religieuses, vous êtes bien foibles en politique. Quelque bien adaptés que vous paroissent vos raisonnemens, ils ne présentent qu'un absurde assemblage de bon & de mauvais, & la conclusion que vous en tirez est aussi peu naturelle qu'elle est injuste.

Nous vous passons vos deux premières pages qui forment plus de la moitié de votre Adresse, (& nous attendons de vous la même politesse) vû que l'amour & le désir de la paix ne sont pas exclusivement réservés aux Quakers : c'est le vœu que la nature & la religion mettent dans le cœur de tous les hommes. Sur ce principe, travaillant à établir une constitution indépendante, nous n'avons point de rivaux dans notre but & dans nos espérances : notre plan est fondé sur une paix éternelle, nous sommes las de disputer avec la Grande-Bretagne, & nous ne voyons de terme à nos querelles que dans une séparation définitive. Nous agissons conséquemment, parce que nous endurons les maux & les souffrances du moment, pour arriver à une paix qui n'aura ni fin, ni interruption. Nos efforts ont & auront constamment pour objet de dissoudre une liaison qui a rougi de sang nos campagnes : & qui, aussi long-tems qu'il en subsistera le moindre vestige, ne cessera d'être nuisible à l'Amérique & à l'Angleterre.

Nous ne combattons ni par vengeance, ni par

efprit de conquête, ni par orgueil, ni par ref-
fentiment ; nous n'infultons point l'Univers en
y promenant nos flottes & nos armées ; nous ne
ravageons point le globe dans l'intention de nous
enrichir de fes dépouilles. On nous attaque à
l'ombre de nos vignes : on nous traite avec violence dans nos propres maifons & fur notre
territoire : nos ennemis fe préfentent à nous
comme des voleurs de grand chemin & des brigands. Ne pouvant invoquer la loi pour nous
défendre contre leurs attentats, nous fommes
obligés de les punir par la voie des armes, &
d'employer l'épée dans les mêmes circonftances
où vous-mêmes vous avez employé la corde. Peut-
être nous partageons la douleur de ceux que l'on
a ruinés & infultés dans tout le continent, avec
un dégré de fenfibilité qui ne s'eft point encore
manifefté dans le cœur de quelques uns d'entre
vous. Mais êtes-vous bien fûrs de ne pas vous
méprendre fur la caufe & fur les principes qui
ont dicté votre profeffion de foi politique ? Ne
donnez pas à l'indifférence le nom de religion,
& ne mettez pas l'hypocrite à la place du chrétien.

La partialité vous fait trahir les maximes qui
font la bafe de votre croyance. Si c'eft pécher que d'être en armes, on doit pécher bien
davantage en commençant la guerre ; la proportion eft la même que celle d'une attaque vo-
lontaire & d'une défenfe inévitable. Si donc
vous prêchez conformément aux infpirations de
votre confcience, fi votre projet n'eft pas de
faire de votre religion un jouet politique, donnez-

en la preuve, en adreſſant votre doctrine à nos
ennemis, car ils ſont en armes auſſi-bien que
nous. Donnez-nous une marque de votre ſin-
cérité, en la prêchant dans le palais de Saint-
James, devant les commandans en chef de Boſ-
ton, à tout les amiraux, à tous les capitaines
qui ravagent nos côtes en véritables pirates,
enfin à toute la horde ſanguinaire qui agit ſous
l'autorité du monarque que vous faites profeſſion de ſervir. Si vous aviez la noble franchiſe
de Barclay (1), vous l'exhorteriez au repentir,
vous lui montreriez ſes fautes, vous l'avertiriez
du malheur éternel qui le menace. Vous ne ré-
ſerveriez pas vos invectives partiales à vos frères
outragés & ſouffrans ; mais, comme de fidèles
miniſtres de la parole divine, vous éleveriez la
voix & n'épargneriez perſonne. Ne dites pas
que vous êtes perſécutés, ne vous efforcez point

_____

(1) « Tu as goûté de l'adversité et de la prospérité.
Tu sais ce que c'est que d'être banni de ton pays
natal, d'être dominé comme de dominer, de siéger
sur le trône et d'être en butte à l'oppression. Tu as ap-
pris combien les oppresseurs sont exécrables aux yeux
de Dieu et des hommes. Si après tous ces avertiſſe-
mens, tu ne reviens pas de toute ton ame au Seigneur,
si tu oublies ce Dieu qui s'est souvenu de toi dans ta
détresse, et que tu t'adonnes au plaisir et à la vanité,
ta condamnation sera terrible. Le meilleur remède qui
puisse te préserver de ce péril et des insinuations de
ceux qui voudront t'engager au mal, est d'avoir les
yeux fixés sur cette lumière de J. C. qui brille dans
ta conscience, qui ne peut ni ne veut te flatter, et ne
souffrira pas que tu sois en repos dans le sein du péché».
Adresse de Barclay à Charles II.

de faire tomber fur nous le blâme de cette per-
fécution que vous cherchez; car nous atteftons
au genre-humain que fi nous nous plaignons
de vous, ce n'eft pas parce que vous êtes Quakers,
mais parce que vous prétendez l'être & que vous
ne l'êtes pas.

Hélas! il femble, à voir le but de quelques-
unes de vos propofitions & certains traits de
votre conduite, que vous réduifiez le péché au
feul acte de porter les armes, & encore, qu'il
n'y ait que le peuple fur qui porte cette déci-
fion. Vous paroiffez avoir pris la voix des fac-
tions pour celle de la confcience, parce que la
teneur générale de vos actions manque d'unifor-
mité; aufli ne pouvons-nous ajouter foi, fans
beaucoup de peine, à vos prétendus fcrupules,
voyant qu'ils font allégués par les mêmes hommes
qui, à l'inftant où ils fe récrient contre la *Mam-
mone*, pourfuivent leur profit avec *toute l'agilité
du tems & la voracité de la mort*.

Le paffage que vous citez du livre des Pro-
verbes, favoir que » quand la conduite d'un
homme plaît au Seigneur, il force fes ennemis
même d'être en paix avec lui, » ne pouvoit être
plus mal choifi, puifqu'il prouve que le monarque,
pour qui vous témoignez tant de zèle, ne plaît point
au Seigneur; autrement fon règne feroit paifible.

Je viens maintenant à la dernière partie de
votre Adreffe, à celle dont tout le refte femble
former l'introduction. « Nous avons toujours eu
pour principe, dites vous, puifque nous fommes
appellés à mettre en évidence la lumière du

Chrift , manifeftée dans nos confciences jufqu'à
ce jour, qu'il appartient à Dieu feul d'élever &
de renverfer les rois & le gouvernement , pour
des raifons qui lui font mieux connues qu'à nous
autres hommes ; que nous ne devons pas nous
immifcer dans ces révolutions, nous inquiéter
de notre fort , & encore moins comploter la
ruine des pouvoirs fubfiftans , mais prier pour
le roi, pour la fûreté de la nation, & pour le
bien de tous nos femblables ; enfin , que nous
pouvons mener une vie tranquille & vertueufe
fous quelque gouvernement que le ciel ait jugé
à propos de nous placer. » Si réellement ce font
là vos principes , que ne vous y conformez-vous?
Que ne laiffez-vous à Dieu le foin de faire tout
feul ce que vous prétendez n'appartenir qu'à lui ?
Ces mêmes principes vous enfeignent à attendre
avec patience & humilité l'évènement des mefures nationales, & à vous y foumettre comme
à la volonté divine. Que fert votre profeffion
de foi politique, fi vous croyez ce qu'elle renferme ? vous avez prouvé en la mettant au jour,
ou que vous ne croyez point ce que vous faites
profeffion de croire, ou que vous n'avez pas
affez de vertu pour pratiquer ce que vous croyez.

Les principes de Quakerifme tendent directement à faire, de quiconque les adopte, un fujet
paifible, fous quelque gouvernement qu'il ait à
vivre ; & fi Dieu s'eft réfervé la prérogative
d'élever & de renverfer les rois & les gouvernemens , à coup fûr il ne permet pas que nous
le dépouillons de ce droit. Ainfi votre principe

même vous conduit à approuver tout ce qui s'eft
paffé & tout ce qui fe paffera encore à l'égard
des rois ; Olivier Cromwel vous remercie. Selon
vous Charles Ier ne mourut point par la main
des hommes ; & fi jamais pareille fin termine les
jours de fon orgueilleux imitateur, ceux qui ont
rédigé votre adreffe feront forcés par leur propre doctrine, d'applaudir à cette cataftrophe.
Ce n'eft point par des miracles que les rois font
détrônés ; il n'entre que des moyens fimples
& humains, tels que nous en employons, dans
les altérations que fubiffent les gouvernemens.
La difperfion même des Juifs, quoique le Sauveur
l'eût prédite, s'effectua par la voie des armes.
Par conféquent, fi vous refufez votre fecours
à l'un des partis, vous ne devez pas vous mêler
des intérêts de l'autre ; votre devoir eft d'attendre
en filence ce qui arrivera, & à moins que vous
ne foyez en état de produire une autorité divine,
pour prouver que le Tout-Puiffant, qui a placé
ce nouveau monde auffi loin qu'il l'a pu de
toutes les contrées de l'ancien, n'approuve pas
qu'il foit indépendant de la cour vicieufe &
corrompue de la Grande-Bretagne ; à moins,
dis-je, que vous n'ayez ce titre à nous oppofer,
comment pouvez - vous juftifier, d'après vos
maximes, le langage incendiaire par lequel vous
excitez le peuple « à fe liguer fortement dans
la haîne des écrits & des mefures qui annoncent
évidemment le defir & le projet de rompre les
heureux liens qui nous ont unis jufqu'à ce jour
avec l'Angleterre, ainfi que la fubordination

juſte & néceſſaire que nous devons au roi & aux
dépoſitaires légaux de ſon autorité. » Quoi! les
mêmes hommes, qui deux lignes plus haut réſi-
gnoient paſſivement à l'Etre-ſuprême l'ordre,
les changemens & la diſpoſition des rois & des
gouvernemens, reviennent ici ſur leurs principes,
& veulent y prendre part! Eſt-il poſſible que
cette concluſion ſuive de la doctrine expoſée
dans le même ouvrage? l'inconſéquence eſt trop
frappante pour n'être pas remarquée; l'abſurdité
trop grande pour ne pas exciter le rire. Au ſur-
plus, c'eſt tout ce que l'on pouvoit attendre
d'une aſſociation d'hommes aveuglés par les ſom-
bres préjugés d'un parti aux abois : car on ne
doit pas vous regarder comme parlant au nom
de toute la ſociété des Quakers, mais ſeulement
comme une fraction remuante de ce corps digne
d'eſtime.

Ici finit l'examen de votre profeſſion de foi.
Je n'engage perſonne à l'abhorrer (comme vous
avez fait pour les écrits que vous n'approuvez
pas), mais à la lire & à la juger ſans prévention.
Je veux cependant ajouter encore une remarque.
L'expreſſion d'*élever & de renverſer les rois* ſignifie
ſans doute faire un roi de l'homme qui ne l'eſt pas
& ôter ce droit à celui qui le poſſède; &, je vous prie,
cela a-t-il le moindre rapport avec les circonſtances
où nous ſommes? Notre deſſein n'eſt pas plus d'élever que de renverſer des rois, d'en élire que de les
détruire : tout ce que nous demandons eſt de n'avoir
rien à démêler avec eux. Ainſi, votre profeſſion de
foi, ſous quelque point de vue qu'on l'enviſage,

ne fert qu'à déshonorer votre jugement ; &, pour plusieurs raisons, vous eussiez mieux fait de la garder pour vous que de la publier.

Premièrement, parce qu'elle tend à compromettre la religion & à diminuer son empire ; car il est infiniment dangereux pour la société de lui faire jouer un rôle dans les controverses politiques.

Secondement, parce qu'elle présente, comme approuvant les professions de foi politiques ou comme y prenant intérêt, une société d'hommes parmi lesquels il s'en trouve beaucoup qui ne sont point d'avis de publier ainsi leurs sentimens.

Troisièmement, parce qu'elle tend à détruire cette harmonie, cette union de nos provinces que vous-mêmes avez concouru à établir par vos contributions généreuses, & qu'il importe infiniment de maintenir, à tous tant que nous sommes.

Sur ce, je vous dis adieu sans colère ni ressentiment. Puissiez-vous (tels sont les désirs que je forme dans la sincérité de mon cœur) en votre double qualité d'hommes & de chétiens, jouir pleinement & sans interruption de tous les droits civils & religieux, & contribuer à votre tour, à les garantir aux autres ! mais puisse en même tems l'exemple si imprudemment donné par vous, de mêler la politique & la religion, encourir le désaveu & la réprobation de tous les habitans de l'Amérique !

FIN.

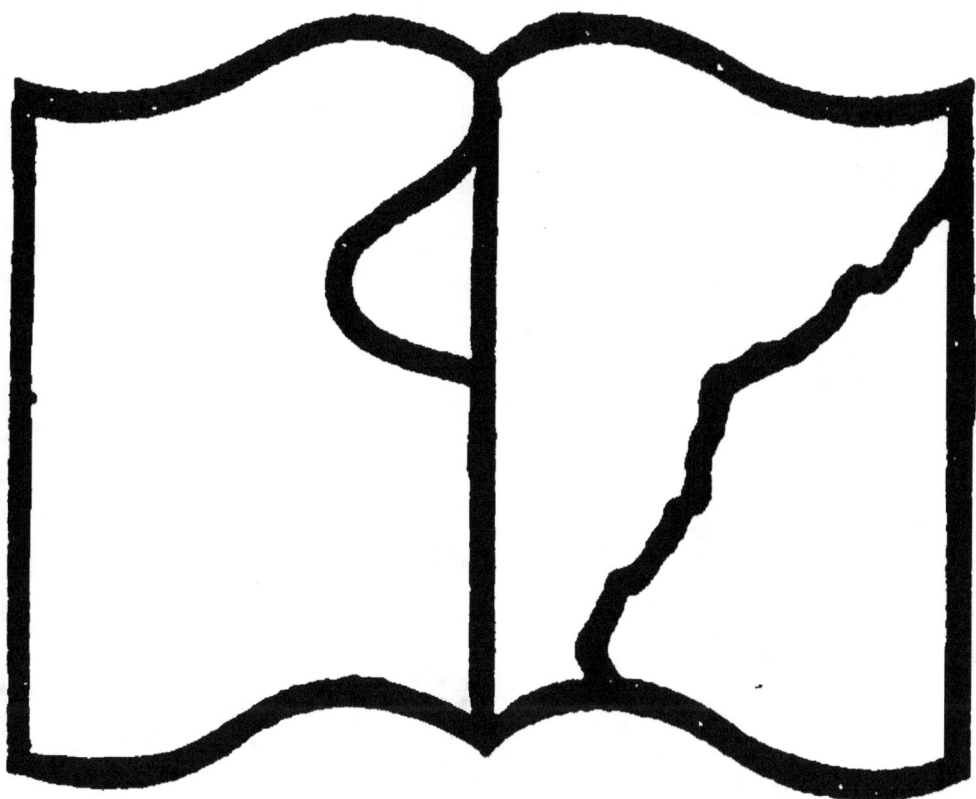

Texte détérioré — reliure défectueuse

NF Z 43-120-11

www.ingramcontent.com/pod-product-compliance
Lightning Source LLC
Chambersburg PA
CBHW052056270326
41931CB00012B/2784